外資の社長になるための12章

田中満佐人
Misato Tanaka

文芸社

はじめに

かつてワンマン社長として二十数年にわたり帝人に君臨した大屋晋三氏はこういった。

「社長と副社長の距離は、副社長と運転手の距離よりも遠い」

「社長」は、いうまでもなくその会社のトップだ。責任が重いのは当然だが、それと同時に権限がある。

ところで、あなたは今まで社長、とりわけ外資の社長になってみたいと思ったことはないだろうか。「外資」や「社長」という言葉に何か心を動かされたことはないだろうか。

私はこの本を手にとったあなたには、外資系企業の社長になることがそんなに特別なことではないのだ、ということを納得してもらいたい。そしてその夢にチャレンジしてほしい。それが私の願いである。

今、世の中で響きのよい言葉として「外資」がある。また、新聞や雑誌を読んでいると必ずといってよいほど「外資系企業」に関する記事に出合う。そこでは、疲労困憊した様子が伝えられる日本企業にくらべて、元気がよく、また働き甲斐がある場所として外資が紹介されている。実際に長らく外資系企業に勤めていた私の経験からいってもその想定は正しい。そこでは努力すれば報われることが多いのである。

外資系に勤める人は、英語の達人であり、ＭＢＡを持っている、と思っている人が多い。私はそういった「常識」が間違っていることを皆さんにぜひとも伝えたい。そういう強い気持ちを持ってこの本を書いた。

皆さんの希望を実現するには、特別な才能や過酷な努力を必要としない。「物の見方や考え方」をすこしだけ変えればよい。ではどのように変えていったらよいのか。それにはそれなりのコツがある。

これから、私は皆さんにそのコツをお教えしたい。一言でいえばそれは「三カ月」だ。「三カ月」という時間をどのように過ごすかによって決まる。その詳しい内容はこの本を最後まで読んでいただければ、簡単にお分かりいただける。丁寧に読まなくても、飛ばし読みで十分だ。

外資系企業に二〇年あまり勤務し、五二歳で日本法人の社長になった私にとって、皆さんのお手伝いをすることができるのは、このうえない幸せだ。

外資の社長になるための12章

目次

PART 2

外資系企業で成功する

第7章　成功へのステップ「『三分・三日・三カ月』がビジネスの鍵」——80

PART3

外資の社長になる

第12章　世界で通用するビジネスマンになるための一〇カ条——167

PART 1

私と外資系企業

第1章　なぜ外資系企業に入ったか

そもそも私という人間がどのようにして外資系企業と出合い、どのような理由で外資系企業に入社し、外資という名の新天地でどのような「洗礼」を受けたか？　その間の事情を率直にお伝えするところから本書をスタートさせたいと思う。

ところでひとくちに外資系企業といっても、いろいろな見方がある。たとえば経済産業省によると「外国投資家が株式または持分の三分の一超を所有している企業」を外資系企業とみなしている。私が本書でいう外資系企業とは、「本社が米国にあり、日本法人がその一〇〇パーセント子会社である」会社である。私が今までに勤務した外資系企業がすべてこの定義にあてはまる。以下この本では、私流の定義で話を進めていくのでご了承いただきたい。

さて、長期にわたって外資系企業に勤務した私であるが、いきなり外資系に入ったのではない。大多数の日本人と同様、私が最初に選んだのは日本企業であった。

1 日本企業のオーバープレゼンス

私は大学を卒業して、そのころ世界最大の造船量を誇っていた石川島播磨重工業に入社した。大学では造船工学科という「産学協同の落とし子」で学んだので、ごく自然に造船会社を選んだ。それは一九七一年のことだ。翌年には佐藤首相が引退し、自民党総裁選挙で三木、田中、大平、福田の四者による、あの三角大福戦争が起きた。その結果は「平民宰相」田中角栄の誕生だ。「日本列島改造論」が大いにもてはやされていた。

当時造船業界では、造船王国などといって日本が大いにうかれていた。産業の常識から見ると明らかに異常なことだが、日本中の造船所で、世界中の半分以上の船舶をつくっていた。確か、石川島播磨重工業一社で世界中のシェアの一〇パーセントを占めていたと、記憶している。そのときに配属されたのは、横浜にある技術研究所だった。

入社して半年ぐらい経ったときに感じたことがある。「企業は本来必要のない人まで雇っている」ということだ。今考えてもたいへん生意気な若者だったと思うが、真実をつかんでいる。「企業内失業者」が話題になり始めたのは、それから一〇年ほど経ってからだ。

企業が本来あるべき以上に、社会的な役割を果たしてしまうことが日本ではよくみられる。会社と社会が必要以上にお互いに頼りあっている状態だ。分かりやすい例としては、今崩れつつある終身雇用の制度があげられる。かつては定年までの雇用を前提として、社員は会社以外の世界を見ることなく過ごしていれば安泰だった。会社がすべてであって、社会からは隔離されていても問題がなかった。これを「企業のオーバープレゼンス」という。

当時の私はそこまで理論的にまとまった考えを持っていなかった。しかし、何か企業とそこに働く人の関係がおかしいなと思っていた。会社は従業員に甘え、従業員は会社に全面的に頼っていた。会社は高度成長を頼りに、年功序列と終身雇用を前提にした給与体系を構築してきた。従業員は若いころは安い給料で長時間労働をし、定年近くになって退職金の率が急に高まる。従業員は会社にべったりとくっつき頼りきっている。黙って会社の言うことを聞いていれば定年までなんとか生き延びることができると考えていた。私はそこに疑問を感じていた。

2 日本の造船業、重工業に未来はなかった

私は八年半ほど、石川島播磨重工業に研究員として勤務した。専門は船舶の操縦性だ。その分野に従事する人は世界中にも多数はおらず、それなりに存在感を示せたと思っている。

そのような私が日本の大手企業を飛びだして、外資系企業に行こうと考えるようになったきっかけは、造船不況になったからだ。会社を辞める一年半ほど前に、研究企画の仕事で造船業の将来を予測する作業に携わった。そのプロジェクトから得た私なりの結論は、日本の造船業は回復することはない、ということだった。

しかしそれ以上に、私は日本企業、特に重工業にはなんとなく不安を感じるようになっていた。その理由はいくつかある。

ひとつ目は日本に特有の、護送船団方式に代表される横並びの考え方だ。私が勤務していた会社は造船というくくりで、三菱重工業や川崎重工業などといつも同じような行動をとるのが特徴だ。そういった考え方や行動に疑問をいだくようになった。

二つ目は、新聞などを読んでいて、重工業は将来性がないと考え始めたことだ。今振り返ってみると、一九七〇年代の後半から一九八〇年代にかけては「重厚長大」の時代から「軽薄短小」の時代への転換期だ。エレクトロニクスが台頭してきたのである。

しかし、造船会社をやめると心に決めても、一九八〇年ころは、行くところは外資系企業しかなかった。なぜなら、今と違い当時は大手企業では中途採用をまったくといってよいほど、していなかったからだ。

3 なぜ違う業界に移ることができたのか

私はついに日本の会社を辞めて、外資系企業に移った。飛び込んだ業界は、造船とはまったく違う半導体だ。

しかし私はなぜ日本企業から外資に移ることができたのか。しかもまったく違う分野に——その答えは、私に「技術」という後ろ盾があったからだと思う。

私は工学部では造船という機械系を学んだ。技術研究所に入ってからは、理論と実験の両方をやり、電気についても勉強した。実験設備の大きな部分は専門業者が製作するが、ちょっとしたことは自分で電気回路を組む。そういった機械と電気の両方をかじったのは今でも強みになっている。そのころは両方の融合した分野を一言で表現する「メカトロニクス」という言葉がはやっていた。

また、今と違いソフトウエアは自分で組んだ。技術計算をするためには、フォートランという言語を用いてプログラムを自分で書く。非線形の微分方程式などを解くプログラムのコードが専門書で解説されていた。まずその通りプログラムを書き写す。それから自分たちが使っているコンピュータの仕様に最適になるように手直しする。

それに加えて私は英語が大好きだった。研究所で読んでいた論文はほとんどが海外からのものだ。当時、ソ連が砕氷に関してよい論文をたくさん出していたが、すべて英語に翻訳されていた。北海油田が話題になっていたころで、造船会社はどこでもそういった分野の研究を始めていた。

またそのころは、外資系企業はそれほど注目されておらず、ある程度のバックグラウンドさえあれば、今よりは簡単に入社できたと思う。

そういった環境に加えて、私の性格が外資系にむいていた。外向的であり、チャレンジ精神に富んでいる。私にとって、会社をかわることはそんなに大層なことには思えなかった。だが、友人たちにはそうは映らなかったようだ。同期入社した仲間で、転職したのは私が最初だったし、その後数年間は続く者がいなかった。私の友人にとっては、転職は危険な冒険であり、魅力的ではなかったようだ。

私はこう考える。転職、特に外資系企業への転職には無限の可能性が含まれている。今のままでは実力を発揮できない人にとって、是非考えるべき選択肢だ。ただ少しばかり注意しなければいけない点がある。今その場所で実力が発揮できない原因が本人にある場合である。それでは場所を変えても同じだ。

外資系企業への転職が持つ大きな魅力は、より広い世界へ羽ばたけることだ。今までの日本企業という狭い世界から、もっと広い舞台での活躍が可能になる。

4 初めて外資系企業で働く

私が最初に勤めた外資系企業は、半導体で有名な日本テキサスインスツルメンツ（日本ＴＩ）社だった。

なぜＴＩ社を選んだかというと、エレクトロニクスがこれからの主流になると考えていたからだ。当時ＴＩ社は世界最大の半導体の会社だった。私が日本ＴＩ社に移ったのは日本の電気業界でも大きな変化が起きた年だ。この年、大正時代から六〇年あまり続いていた真空管の日本での生産が終了し、最後まで製造をしていた大阪の高槻市にある松下電子工業の受信管工場が閉鎖された。

半導体以上に、私をＴＩ社にひきつけたのはあの有名な「ＴＩ―59」の存在である。「ＴＩ―59」は掌にのるサイズでは、世界で最初のプログラマブル電卓であった。学会誌にその宣伝がのっているのを見て、性能と値段の高さに驚いたものだ。社会人になり五年くらい経って発売された「ＴＩ―59」は一〇万円以上した。私の初任給は五万円弱だった。私にとっては、ＴＩ社は半導体で世界一の会社としてではなく、むしろ電卓をつくっている会社としてのインパクトが強かった。

ＴＩ社に入社して配属されたのは製品企画部だった。というよりは、製品企画部に採用された、というほうが正確だ（ちなみに採用のやり方も日本企業と外資系企業ではまったく異なる）。

仕事は主力製品であったＴＴＬのマーケティングだ。そこでは多くのことを学んだ。それまでは、物をつくり、販売するという場にいたことがなかったので、毎日がすべて目新しいことの連続だった。それまで日本企業の研究所で、非常に狭い範囲を深く研究する仕事をしていたのだから当然のことだ。

5　外資系企業からの「洗礼」

それ以上に、カルチャー・ショックが非常に大きかったのを私は今でもはっきりと覚えている。以前研究所に勤めているときは、三〇分以上の繰り返し作業をすると分かったら、当時主流であったフォートランでプログラムを組むのが、私の流儀だった。繰り返し作業を長く続けるのを苦痛に感じる私は、それを避けるために二時間くらいかけてでもプログラムをつくってしまう。当然、そういった作業はまた後日やらなくてはいけないので、一度つくったプログラムは非常に有効だ。

ところで外資系に入って最初の仕事は、見積もり業務だった。そのころはやっと卓上の電子計算機が普及し始めたころだ。月末一週間ぐらい前の四日間は、朝から、本当に夜まで、電卓をたたき続けた。そんなに時間がかかるのは、何百種類もあるＴＴＬ一個ずつの値段を、顧客ごとにそれぞれ計算するからだ（会社が表参道にあったので、残業食として、ケンタッキー・フライドチキンをよく食べた。そのころ日本全国に二〇〇店舗あったそうだ。それまでケンタッキー・フライドチキンを知らなかった私にとってはたいへん都会的な食べ物だった）。

今と違いパソコンなどがない時代だ。ちょうどそのころ東芝がカナで入力した文章を漢字まじり文に変換するワードプロセッサを発表した。オプションなしで六三〇万円もしていた。

メモリ付の電卓が最新鋭の道具だった。今まで三〇分と繰り返し作業をしたことがない人間が、一日に一二時間以上も電卓をたたき続けたのである！

日本企業にいたときは、単純作業は馬鹿らしく思えたし、仕事だとは思っていなかった。しかし、外資に入って私はすっかり変わってしまった。馬鹿らしいなどと考えている余裕すらなかった。仕事のやり方に疑問を持ちながらも、会社に直接的に貢献しているのを体感した。今思うと、それが外資の洗礼を受けた瞬間だった。

コラム1 会社あっての自分ですが、それで終わってはいませんか？

普段の会話でなにかにつけて、「うちの会社では……」という言葉を使っていませんか。多くのサラリーマンにとって、会社は大切だ。特に収入源であるという、金銭的な現実に直面すると、会社をないがしろにはできない。

しかし、会社あっての自分でも、もっと自分を世の中の中心において考え、行動することがあってよいのではないだろうか。

特に、話を聞いていてつらいのは、現在それなりの地位にある人を指して、「彼は昔、私の部下だった」という言葉を聞かされるときだ。この場合には二つのケースが考えられる。ひとつは、実際は直接の部下でなくて、同じ会社とか同じグループの会社に勤務していて、たまたま年下だった場合だ。それは単に現在それなりの地位にある人を、若いころ知りうる環境にあったと言っているだけだ。それによって、自分をよく見せようとしているわけだ。

それ以上に悲惨なのは、事実その人が以前部下だったばあいだ。それは現在彼に追い抜かされてしまったということを大声でみんなに伝えているのだ。それに気づかない本人をみて、情けなく感じてしまう。

大切なのは、その人が現実を真剣にいきていることである。それなりの努力をしていれば、きっといつか報われる日はくる。

そうは言っても、出世とか有名人になるとかは、運の占める割合が結構高いように思う。いずれにしても、現在恵まれていないからといって、知っている有名人をだしにして、自分をよくみせようとするのは止めたい。

もちろん、「運も実力のうち」という厳しい言葉もあるが。

第2章　外資系企業と日本企業はどこが違うか

1　外資系企業のルーツはオランダ東インド会社

外資系企業と日本企業はどう違うのか。いずれにしても会社であることに変わりはなく、そこには本質的な差はない。とはいっても、細かいところでは微妙に異なる。

そこでまず株式会社のルーツといわれるオランダ東インド会社について調べてみよう。

世界で初めての株式会社は、一六〇二年に設立されたオランダ東インド会社だ。それより二年前の一六〇〇年にイギリス東インド会社がエリザベス一世の特許状付与により設立されているが、こちらは最初一航海ごとの個別企業制だった。企業としての形が整ったのは一六一三年のことだ。

いずれの会社も香料貿易が収入源であり、それぞれの国から通常の企業の範囲をこえた権限が与えられていた。オランダ東インド会社には、他国の貿易活動との対抗や現地での政治権力の制圧に必要な条件が与えられた。

ヨーロッパでアジアとの航海貿易が盛んになったのは一六世紀なかごろだ。大きな船を用意し、多数の船乗りを手配するには多額の資金が必要だ。それ以上にたいへんなことは、船が出港してから、帰ってくるまでである。悪天候による遭難や、海賊の襲撃など危険はいっぱいだった。そんなときに一人で責任をおうことはあまりにも無謀だ。

そこで株式という仕組みができた。出資者から資金を集めて貿易をおこなう。儲けがでたら、資本だけを残して、あとは配当にまわす。万が一のときは、出資額の範囲で損は収まる。現在の有限責任の考え方である。

そのころから、株式会社の使命は配当を実施することだった。東インド会社は一世紀以上にわたり配当利回り二〇パーセント程度を維持した。その高配当を可能にした真の理由は何かというと、当時の会社には不正会計や経営陣の私欲が蔓延していた。数年前のエンロンと同じようなものだ。だから、株主は利益を内部留保にではなく、すべて配当にまわすように強く要求した。これが伝統的な外資系企業のやり方である。

それに比べて、ストック・オプションに代表される株高を目標にした経営は、資金力に乏しいベンチャー企業にもっとも適した方法だ。この本質を理解せずにストック・オプションを導入し、その後止めてしまった日本の企業は数多くある。数十年の社歴があり、すでに株価が本来あるべきレベルに達している企業には、まったく向いていない経営手法であることを理解していなかった。

2 外資系企業の特色は社内監査部門

外資系の会社に勤めて、今まで日本の会社にない部門に出合うことがある。そのひとつが社内監査だ。ここがどういう役割をはたしているのかは、日本の会社しか知らない人には理解しがたい。株主総会で選出される監査役と混同してしまう人が多い。

現在米国でもエンロンに代表される不正会計問題をきっかけに、経営者への強い不信と経済の低迷が起こり、その見直しが急速になされつつある。しかし、そういったことを防止する仕組みは外資系では以前から比較的整っていたはずだった。そのひとつが社内監査なのである（が、犯罪はそういったものを潜り抜けて人間が起こしてしまうものだ）。

これは、社員が主に社内の業務が正しくおこなわれているかどうかを監査する部門である。仕事の性格上、社長に直属した部署あるいはそれに類した形になっていることが多いようだ。多いようだといったのは、会社によってかなりの違いがあるからだ。ある会社では、経理、総務などを統括する管理本部に所属している。

監査という言葉から、経理的な面だけと受け止める人が多いだろうが、むしろ業務全般についてのほうに重きがある。実際品物を顧客に出荷し、入金したけれども、注文書の値段と一致しているのか、さらには見積書の値段と同じなのかなどを調査する。もし、見積書の値段と注文書の値段に相違があれば、それは誰が承認したのかなどを調べる。

また営業がたてた需要予測にもとづき工場が生産計画をつくるが、そのときの論理を含む約束事に矛盾がないかなどを調査する。たとえば、営業の予測では来月の売り上げ予想が前月実績の二倍になったとする。しかし、工場では生産量を二倍には増やさなかった。それはなぜだったかについて検討する。たとえば、工場に以前からつくりためておいた製品在庫がかなりあったので生産量を増やさなかったなどだ。このときさらに追及して、なぜそんなに多くの製品在庫を抱えていたかについて調べていく。こういった作業を通じて仕事の進め方の問題点を指摘したり、改善案を提案したりする。

アングロサクソン流の考え方では、「権力は腐敗しがちであり、絶対権力は絶対的に腐敗する」ので、特に上に立つ人間の腐敗を未然に防止するためには、チェック・アンド・バランスのシステムが必要と考える。これを具体的な形として企業のなかで機能しているのが社内監査部門だ。

日本では責任ある立場の人は、わが身を修めるべきであるという、儒教にもとづく考えが伝統的にあり、このような仕組みは今まで存在しなかった。また形式的に存在していても実質的には機能していなかった。しかし、グローバル・スタンダードにもとづく経営を日本に積極的に導入し始めた今では、こういった考え方にもとづいた業務を積極的に採用していかなければならない。なぜなら、今までの企業を律していた論理が大きく崩れてしまい、過去の理屈に従っていては、やっていけないからだ。

3　なんと戦前の日本企業は外資系型だった！

① 株主を重視する。
② 配当と役員賞与の割合が非常に高い。
③ 社内で昇進して取締役に就任する比率が低い。
④ 直接金融の比率が高い。
⑤ 雇用の調整はすみやかにおこなわれる。
⑥ 終身雇用からはほど遠い。
⑦ 従業員は労働力の供給源としてみなされる。

これらの特徴はどこの国の経営について語っているのだろうか。今グローバルという名のもとで、日本が模倣しようとしている現在の米国の経営とまったく同じである。

じつはこれは戦前の日本の産業界の特徴なのである（以上の指摘は、各務茂夫氏が在日米国商工会議所の昼食会で講演された内容を、私がまとめた。同氏が世界最大のヘッドハンティング会社のハイドリック・アンド・ストラグルズ社のパートナーだったときに話された）。

では戦後どのようにして終身雇用、年功序列、企業の系列などの制度が広まったのだろうか。

各務氏は、まず、①軍事と生産設備の拡大が必要であり、②ソ連の「計画経済」が紹介されたのが一九三〇年代の特徴としたうえで、戦争が始まると、産業報国会を皮切りに国家総動員法、経済新体制確立要綱、全国金融統制会など戦時体制が強化され、これらをつうじて戦後ずっと当たり前のようになった考え方が一九三〇年代から一九五〇年代に築きあげられてきた、と指摘する。

このような視点から見れば、終身雇用などは日本固有のものであると考える必要はまったくない。今までこれしかないと考えていたのが変だったと、見たほうがよい。

今は、激動の時代の真っ只中だ。政府が発行する『ものづくり白書』（二〇〇三年版）の原案によれば、製造業三社のうち二社が工場で請負や業務委託を活用している。これから正社員への道が狭まっていくのは明らかだ。そういう流れのなかで「自分はどう生きていくのか」を模索し続けることがこれからは必要となる。

いやそれ以上に、どのように世の中が変化していったにしても、柔軟に対応できるような準備をし続けることが大切なのである。

4 日本型経営の特殊性

一時はやった言葉に「ステークホルダー」（企業に対して利害関係を持つ人）がある。ここで注意しておきたいのは、「ステークホルダー」として重視されている順番が日米でまったく逆になっていることである。わが国では「従業員、債権者（主に銀行）、経営者、株主」の順に並ぶ。米国では「株主、経営者、債権者、従業員」だ。

あらためて現在の日本的経営がいかに特殊なものかを認識する必要がある。多くの人は現在の日本的経営の形が、近代社会が始まった明治以降から続いていると思っている。しかし前節でくわしく見たように、現在のような終身雇用制を中心にした日本的経営の姿は一九五〇年代にでき上がったものにすぎない。

戦前の日本企業では、工員と職員にはっきり分けられていたのが、戦後になってようやく社員としてひとつになった。やがて高度成長期が始まり、高度な技術を理解し、使いこなす人材が必要になってきた。そのために教育と丸抱えが一体化していく。習った技術を社内で伝えることが重要視され、また教育・訓練コストの回収を考えるとこの方法がいちばんよいものになる。

従業員を中心につくられた日本の仕組みは、長期的な視点からの企業経営にはもっとも適したものだった。従業員には、年功序列、終身雇用が保証されており、その代償として従業員は会社への忠誠を誓う。

それを支える仕組みとして、賃金の後払いが組み込まれている。若いときには給料を低めに払い、五〇歳を超えたあたりから給料を上げていく。これが年功序列による加給である。また退職金はその最たるものだ。定年まで勤めあげると給付の率が高くなる。政府は退職金への税金を低くすることで、これを側面から応援していた。

これをうまく利用したのが、役人の天下り制度だ。このごろは世の中の視線が厳しくなり、以前ほどは活用できなくなってきたが、役人を退いたあと、ほぼ二年ごとに外郭団体をまわる。退職して、他の団体に移るという作業を六〇歳後半まで繰り返す。民間人が退職時に一度しかもらえないような額を、そのたびにもらっていくわけだ。

それと同時に、従業員を会社に長くとどめるための接着剤が用意されている。住宅ローンの補塡などである。これを使っていると、住宅ローンを払い終えないと会社を辞めにくい。

しかし現在ではこのやりかたではうまくいかない。ＩＴの発達によるビジネスの急激な変化により企業が求めているスキルが変わってきたからだ。それを社内で教育するよりは、外に求めるようになってきた。企業は社内で教育しようにも、新しいものが次々に現れるので、間に合わない。

若いころに安い給料で一生懸命働いて、やっともとを取り返せる時期がきたときに、会社から追いだされるのが現在の中年社員の悲哀である。

そうならないためにも自分の専門を意識して確立していきたいものだ。こうなると、生き方としては米国型のスペシャリスト志向が有効になってくるのだ。

5 日米企業の会社犯罪の違い

日本企業と米国企業での会社関連の犯罪には大きな違いがある。

まずエンロン事件に代表される米国のケースを見てみよう。個人が、特に経営に携わる上層部が、自分の利益を上げるために会社の仕組みを悪用して犯罪をおかす。これがエンロン事件だ。

それに反して、三菱自動車工業の場合は、大きな事故につながることが明らかな製品の欠陥を、会社ぐるみで隠そうとした。やった本人にとっての直接的な利益を狙ったわけではない。あくまでも会社のことを考えてしたことだ。間接的に自己の利益を図っているが、まず会社を守ることから始まった。

悲しいことだが、日米を問わず不正に利益を得ようとする人は存在する。しかし、その振る舞いは国による大きな違いがある。

日本人は会社を第一義に考えて行動してきた。たとえ会社が反社会的なことをしていてもそれを黙認するどころか、むしろ積極的に関与してきた。それに反して米国ではまず自分のために企業犯罪を起こす。不正をするときは自分の直接の利益のためにする。

今まで見てきたように日本の会社は大きく変化しつつある。大きな流れとして、日本の企業は米国型にむかっている。にもかかわらず、そこに働く従業員の多くは旧来の価値観にとどまって仕事をしている。それではこれからの社会を生きていくことはできない。私はのちほど紹介する「三分」「三日」「三カ月」の考え方を上手に活用して米国型に変革していくことを薦めたい。そうすれば今までのパターンから外資系に通用する人間に容易にかわることができる。

コラム2 変化しながら、成長しつづける

あなたのまわりに、二〇年も三〇年も前に学び、卒業した母校のことをいつも気にしながら生きている人はいないだろうか。

私の知り合いで、七〇歳を越えながら、いまだに卒業した母校の自慢から話を始める人がいる。その方が学ばれたのは、日本でも超一流といわれる大学だ。だから自慢したい気持ちは十分理解できるのだが、私にとって関心があるのはむしろその後に続く社会に出てからの五〇年に及ぶ生き様だ。

よい家柄に生まれ、良い大学で学んだことを、全面的に否定しようとは思わない。就職活動をするときには有名大学に在学しているほうが有利なのは否めない。

求人を担当している人事部の人間が、大学名で採用を決めるのは、必ずしも間違いではない。なぜなら、その人物を判断するために必要な情報が極端に少ないからだ。そのときの大きな手がかりが大学になる。

またそういった有名大学に入学するために、たいへんな努力が必要だ。その結

果がそういう形にあらわれている。少年期での頑張りを示すものとして大いに評価すべきだ。

しかし社会人生活を一〇年以上続けている人にとって、大学は過去の遺産だ。

むしろ社会に出たあとで、いかに自分を磨いてきたかのほうがはるかに重要だ。会社というものは教育機関ではない。しかし、仕事の取り組み方により、仕事を通じて学んできたことの質と量には大きな差が出てくる。

仕事から何を学んだのかに注目していきたい。それ以上に、社会に出たからには、どのような貢献をしてきたかが問わ

れている。

貢献といっても大げさなものである必要はない。毎日の小さな業務の積み重ねが年月をへるとともに、想像以上に大きなものになっていることに気づくはずだ。

できることなら、その貢献が誰からも評価されるようなものであれば、なおさら魅力がある。

もうこれからは、相手の出身校を尋ねるようなことをやめよう。そういった情報なしに、相手の本質が分かるような人になりたい。

第3章　こんなに違う米国人と日本人

外資系企業をめざす人は、企業文化のみならず、それぞれの国の歴史と文化、国民性、ビジネス習慣の違いについても十分にわきまえておく必要がある。本章では、ご参考までに私が実際に体験した日米両国のカルチャーギャップのいくつかを紹介しておこう。

1　分業社会の米国人は、他人の電話はとらない

私が米国で大学院に通っていたときのことだ。お金があまりないので、アメ車で三・六リットルの八年くらい経った中古車に乗っていた。学生が使っていた車だから、手入れは十分でなく、あちこちに故障が起きた。とうとうタイヤが磨り減ってしまい、新品との交換をす

ることに決めた。手っ取り早く済ませようとディーラーに車を持っていった。ちょうどそのころ、一時間くらい運転し続けると、「エンジン・チェック」という警告ランプが点灯するというトラブルもあった。それも一緒に見てもらおうという魂胆だ。

ところがタイヤの交換はメーカーのディーラーではできないと言われた。タイヤ専門店に行かなければならない。一箇所で済まずに二箇所にいかなければならなかったのだ。

米国はフォードが確立した分業の考え方が深く浸透している。この場合の分業は製造現場での話には限らない。事務職など一般の仕事の進め方にもそれは出てくる。大きな事務室でよく見られるのは、電話が鳴っていても、本人不在のときに、まわりの人は決して代わりに電話を受けない。もちろん秘書がついているマネージャークラスなら、秘書が受ける。これはひとつにはプライバシーが絡んでいるのかもしれない。普通オフィスでは、電話は各自に一台だ。他人の電話を受けることはプライバシーを侵害することにもなる。それと同時に、自分の仕事と他人の仕事の間に分業の考えが浸透しているからだと思う。

こういった分業の考え方には悪い面も多々あるが、よい面がある。それはプロフェッショナルを育てることだ。ある限定した範囲でよい仕事をしようとすれば、その分野での能力を高めることしかない。それがプロフェッショナルを育てていくことになる。

それに比べて、日本人はまわりとの垣根がはっきりしない共同作業に価値を見出す。だから、他人との調整など本来業務とは別の部分で時間を取られてしまう。本来やらなければならない固有の知識や技能が伸びる機会は極端に少なくなる。

固有の知識や技能とは昔の「包丁一本」の世界だ。自分の腕を信じて、しかも独りで日本中を渡り歩いて生きていく。終身雇用制が崩壊していくこれからはこういった生き方を選んでいくのが正しいのかもしれない。

これからはプロになるしか生きる道はない。まず自分はこれで一番になるという分野を選ぶ。今までやってきたことの延長で決めることもあるだろうし、現在のおかれている環境から決めてもよい。たとえば現在技術を担当しているならその分野での専門家になるように努力する。「技術士」という国家資格に挑戦するのもひとつの考えだ。富士山を讃えていう言葉に「高き峰に広き裾野」がある。山が高くなるためには、同時に裾野が広くなる必要がある。専門分野で詳しい知識をもつと、自然とそのまわりの知識も詳しくなる。

2 サービスにお金を払う米国、払わない日本

米国では製品の保証期間が極端に短い。私が社長を務めた外資系企業ではこの日米による差に大いに悩まされた。日本では、機械の保証期間が一年であることが多い。ところが、米国本社では九〇日だ。それ以降の修理などは有償なのが米国式のやりかただ。家庭で使う普通の電気製品の保証期間についても短い。米国で購入した電話機は一年だが、ワイヤレスのインターフォンは九〇日だった。

米国での保証期間は初期故障に対応するというのが、基本的な考えだ。扱っている機種により若干の違いはあるが、お客様に数千万円もする機械を納めても、六〇日もしくは九〇日を過ぎたら初期故障とはみなさない。通常の故障、もしくは保守として扱うのが、工業製品の標準だ。だから、その後の技術サービスでは、米国では代金をしっかり徴収する。

日本では、何かものを買うと、「これをサービスしておきます」などといって、おまけをつけてくれることがある。つまり「サービス」という言葉は「タダ」と同じ意味だ。

米国にあって、現在の日本であまり見られないものがチップだ。サービスに対するお礼だ。海外旅行にいって食事をしたときなどに一番頭を悩まされるのがこのチップの金額と払い方だ。米国人のビジネスマンを見ているとさすがと思わせるシーンにであう。

フィラデルフィア市郊外の競馬場へ米国人二人に連れていってもらったときのことだ。二人とも米国法人の幹部社員で、その競馬場では食事をしながら競馬を楽しめる。レストランに行くと、予約をしていなかったのでよい席があいていないとのことだった。すると連れの一人がさりげなくウエーターのチーフらしき人にチップを渡した。すぐに私たち三人は窓際の非常によい席につくことができた。テーブルに着くなり、もう一人の米国人がチップを払った彼に「上手にメッセージをあげたね」と言った。

これは日本人にはむずかしい。サービスにお金を払う機会が日本にはあまりないからだ。チップは普通食事のあとなどで払う。今回は前もってこちらの希望を上手に伝えて相手がそれに応えてくれたのだ。よいタイミングでさりげなく相手にこちらの要求をしっかり伝えるのは日本人にとっては高等技術だ。

日本のタクシーは車がたいへんきれいだ。室内が汚れていることは一度も経験したことがない。

一方米国のタクシーは、このごろだいぶよくなったようだが、それでも日本とは比べ物にならないくらい汚い。座席のシートがはがれていたりするのは当たり前だ。

ところが普段は日本のタクシーになんの不満も感じないが、大きな荷物を持って移動しているときだけは困る。大きな荷物を持っているとなかなか車がとまってくれない。止まってくれたとしても車のトランクを、運転手に頼まないと開けてくれない。運転手が運転席に座ったまま、無言でしかも仏頂面をしてレバー操作をする。時には余分なことをさせてと、あからさまに嫌な顔をするタクシードライバーすらもいる。日本のタクシーのトランクに関しては、乗客からみると世界でも最悪のサービス状態だ。ほとんどがＬＰＧで動いているためにトランクのかなりの部分をそのタンクが占めているために狭い。個人タクシーでは運転手のゴルフクラブのセットが入っていたりして、乗客の荷物のスペースはほとんどない。

それに比べると、米国では大きな荷物をもっていると、運転手が車からおりて、荷物をトランクに入れてくれる。到着地につくと、荷物を持って玄関まで運ぶ。自分の仕事の範囲を広く考えており、乗客の荷物の運搬など乗客への手助けが含まれている。このようなサービスに、乗客がチップを払う。サービス料金とは、その人のために役立つことをした時に、それに対する感謝をあらわすものだろう。

サービス料金については、本社と予算作成のときにはいつも問題になる。米国本社の基準でみると、日本のサービス収入が低すぎる。この場合のサービスとは技術サービスのことだ。保守や修理なども含む。米国ではむしろサービス収入の割合が高く、また一般に利益率がよいので、全体からみて収入の中で重要な位置を占めている。このことを日本法人に要求する。残念ながら、日本のお客様にはそのことを理解してもらえない。さらに悪いことには、日本の競合会社にはそういった概念がないため、サービス料金は安い。それに対抗するためにやむを得ず、そう高い値段をつけることもできない。

外資系企業の日本法人代表としては、このサービス料金の取り扱いがやっかいだった。日本のお客様に理解してもらうのは非常にむずかしかった。それ以上にたいへんだったのは部下たちにそれを納得し、理解してもらうことだ。典型的な日本人の集まりである社員も日本のお客様と同じ考え方をしている。

そうは言っても日本でもサービスで高いお金を取っているところはある。たとえば料亭だ。高い料金を取ることができるのは付加価値が高いからだ。他のお客様とは会わずにすみ、そこでの会話は秘密が守られ、快適に食事と打ち合わせを済ませることができる。

これからは、ハードの世界ではなくソフトの世界に大きく変わっていく。今まではモノを売るビジネスが主力だった。そういった実体があるものではなく、サービスを含むソフトが主流になっていく。サービスは、サービスが提供された瞬間だけ、お客様に伝えられるものだ。「生産」と「消費」が同時に発生する。サービスは形として残らない。

日本人はそういったことの価値をあまりにも軽視しすぎてきた。

ハードについてもサービスの仕上がり次第でその機械やシステムの稼動状態が大きく左右されてしまう。よいサービスにはそれなりの対価を払うということが必要だ。

3　米国人はアクション・スター

日本人と米国人の「説得の仕方」に大きな違いがある。

日本人が何かを提案したときに、上司が「その提案は非常によい。早速採用しよう」といったとする。これを聞いた本人は大喜びし、満足してその説明を終える。それを見ていたまわりの人たちは、「彼は説得力のあるすばらしい仕事をした」といって賞賛を与える。たぶん彼の評価は以前にくらべてずっとよくなるはずだ。このように日本人は考え方がすばらしいとか、なかなか鋭い分析をしているなどを高く評価しがちだ。

もし米国人が同じように上司に時間をかけて、説得したとする。上司が先ほどと同じような反応をしたら、米国人は納得し、かつ満足するだろうか。答えは否だ。おそらく、彼はさらにまくし立てて、説明を続けるはずだ。なぜなら、彼からみたら「上司は納得していない」からだ。では、彼はいつ、その説明を終えるのだろうか。それは、上司が彼の目の前で、その件に関して電話をかけたり、あるいはe‐メールを打ち始めたりしたときだ。米国人の上司と働いた経験のある人のなかには、本人の目の前でその人の昇進を決め、全社に発表する文章を書いている場に居合わせたことのある人がいるはずだ。

日本人が、本社からきた上層部に、プレゼンテーションをする際に日米の差を感じる。日本人は市場の説明をしたり、主要顧客の状況を説明したりして終わらせてしまう。その中で、今、抱えている問題を説明するときも、問題の大きさを説明して終わる。その問題を解決するために、何をしていかなければならないのかとか、そのために本社にやってもらいたいところまで話ができる人は少ない。

おそらくリコール隠しでマスコミに騒がれている三菱自動車工業では日本的な処理がされていたはずだ。技術的なトラブルについての報告はたくさんされていた。どのような問題があり、それはどういう状況下で起きていたかなどについては十分社内での報告がされていたはずだ。問題はそれについてどう対処していくのかが議論されずに、報告で終わってしまった点にあった。

総じて日本人は行動のともなわない解説者に留まりがちだ。それに比べて米国人は問題解決のためにアクションを起こし、しかも結果をだすところまでが仕事であると考えている。

「何か行動することが重要である」
「行動して結果を示さないと、第三者からは評価されない」

ということであり、彼らがこのような行動様式をとるのは狩猟民族の子孫だからかもしれない。獲物が目の前に現れたら、議論をしている時間はない。すぐに行動を起こさないと生きていけない。

4 数字とストーリーの米国人、「以心伝心」の日本人

プレゼンテーションの良し悪しを見るときに、日米では大きな差がある。日本では、耳に心地よく流れるように伝えられることを、高く評価しがちだ。乱雑ではなく、滑らかに表現されることが大切と考える。

日本人は形容詞をひんぱんに使う傾向がある。情緒的ともいえる。二〇〇四年一月におこなわれた小泉首相の施政方針演説をみてもそれがうかがえる。たとえば「国家公務員の定員については、治安や入国管理など真に必要な分野で増員しつつ、全体として削減します」と述べているが、実際にどの程度減らすかについては言及していない。

ほとんど同じ時期におこなわれた米国ブッシュ大統領の一般教書演説では半分近くがイラク関連だったが、そのなかで経済政策については「歳出抑制によってむこう五年間に財政赤字を半減する」としている。

米国人は数字で語ろうとする。ビジネスの世界ではこれがもっと顕著だ。数字をうまく使

い、説得しようとする。多民族国家である米国では「以心伝心」はありえないからだ。みんなに共通の社会的認識に頼ることはできない。いかに相手を説得するように伝えていくかが大切になる。

だから「うそでもいいから、数字をちりばめたストーリー性で相手を説得する」ということがよくある。ある新製品開発のプロジェクトで、二人が提案書を提出することになった。予算の制限もあり、どちらかひとつしか採用できない。

プレゼンテーションが苦手な人間と、いつもはったり屋として社内で知られている人間とが同じテーマについて発表した。プレゼンテーションが苦手な人はとつとつと、どちらかといえば自分に語りかけるような調子で、しかも小さな声で与えられた三〇分を終えた。はったり屋は、自信に満ちあふれた話し方で、堂々と、同じく与えられた三〇分を終えた。随所に数字が入っており真実味が非常に高いものだった。

結局、経営陣が採用したのは「はったり屋の提案」だ。あとで、その決定に参加していた米国本社の幹部に「あなたには、はったり屋のうそを見抜けなかったのですか」と大胆にも聞いてみた。その米国人は「はったり屋のストーリーに説得力があったからだ」と答えた。

これは米国企業に勤める日本人の多くが最初に経験し戸惑うことのひとつだ。ある程度事情に詳しい人間からみたら、明らかに内容が劣っていることがはっきりしているにもかかわらず、こういったふうに決まってしまうことがときどきある。日本人はどちらかというと、聞き手にどう伝わるかを気にするよりは、自分の世界に浸ってしまうことが多い。それに比べて、米国人は説得するためには何でもやるというところがある。

だから米国人が書いた企画書や提案書を正しく読むには、その裏にかくされた真実を読みとる力が必要だ。いくら説得力のあるストーリーでも、うそで固められたものか、真実をとつとつと語っているのかを、見抜く力をつけなくてはいけない。

5 日本人は一人のときは弱く、集団になると強くなる

米国人は一人でいても強いが、日本人は集団になったときにやっと強くなる。

日本人は、個人で行動するときには、何か拠り所になるものを探そうとする。単独でやり遂げることが得意ではない。ヨットの堀江謙一さんやマッキンリーで亡くなった植村直己さ

んは、日本人としては例外だ。

一人ではできないので、まわりに頼りになるものをさがす。暴走族がいい例だ。普段、一人になったときにはごく普通に見える子が、集団になると想像もつかないような行動に出てしまう。

普通の人にとっての拠り所は、会社の仲間であり、近所だ。それがひるがえって、結局はいつも他人からどう思われるかが、一番大切なことになってしまう。それが横並びの気持ちの強い社会をつくった。

米国人の子供を見ていると、この違いをまざまざと感じさせられる。米国のテレビ番組で、小学生に自分の得意なことをして見せるよう聞いていた。そうすると彼らは、下手でも何かしらのことをする。お世辞にも上手といえない楽器の演奏などだ。極端なケースでは、ただドレミの音を出すだけのこともある。他人からどう思われるかより、自分に何ができるかが大切だ、と考えている。同じことを日本の子供たちに頼むと、ただ照れてしまってなかなかやらないことが多い。

新聞に、日本の小学校での出来事がのっていた。小学一年生のクラスで、自分が大切にしているものが何かを話させた。最初の数名は何もないとこたえた。ある子が有名なキャラクターの人形について話すと、それに続く子たちが同じような答えをした。

6 米国人の持つオリジナリティは本物だ

米国人は、他人と異なることをするのを恐れない。日本人はどちらかといえば、ほかの人と違うことをするのを好まない。

私が米国に勤務していたときに、次のような経験をした。

マネージャークラスを対象にした、チームワークの研修のときだ。受講生は二〇名ほどで私を除いて全員米国人だった。五人ずつの四グループに分かれて同じテーマで実習をする。テーマというのは、グループのメンバーが協力し、決められた形の折り紙をつくることだ。折り紙のつくり方を書いた紙が配られる。それを製造指示書とよんでいた。その通りつくらなければならない。

グループ内で注文を取る人、材料を用意する人、つくる人などの役割を決める。なるべく正確に、たくさんの折り紙をつくっていくのが目的だ。出来上がった製品を、顧客に見立てた講師のところへ出荷する。出来ばえを見て、仕上がりが悪いと、突っ返されることもある。そういった作業を通じて、リーダーシップ、コミュニケーション、そして管理された製造工程などを学ぶのがこのセミナーの趣旨だ。

私たちのグループは、その指示をしっかり守り、せっせと折り紙をつくっていった。日本人はすべて折り紙の名人だと思っているらしく、私にアドバイスを求められるのには少しばかり困った。折り鶴だって、もう長いことやっていない。ちなみに折り紙は英語で「Ｏｒｉｇａｍｉ」といい、そういった類の本が米国で結構売られている。

作業を三〇分ほどおこない、その後、全部のグループから、気づいたこと、反省すべきことを発表するのがこのコースの流れだ。もちろん講師からの講評もある。

発表していて、あるグループがとんでもなく面白いことをしていたことが分かった。

指示された作業を一切せずに、つくり方の研究をその時間中ずっとやっていた。最後にはまったく違うやり方で同じようなものをつくることができた。悪びれずに、しかも大発明をしたように発表していた。いかにもオリジナリティを大切にする国なのだ、と感心した。

コラム3 「一」を聞いても「十」を知ることはできない

「一を聞いて十を知る」という言葉がある。物事の一端を聞いただけで全体のことが分かってしまうような、頭の回転が早く、想像力に長け、鋭い洞察力を持った人間をいう。もちろんそういった人を褒めていう言葉だ。

しかし、これからはそのような時代ではない。米国を見るとそれが容易に分かる。多くの人種からなり、文化が多様なところではそういった理屈は通用しない。今までの日本のようなやり方ではやっていけない。

日本でも以前から「新人類」という言葉が使われてきた。これは、今までの価値観では判断できないことを示している。

ひとつの出来事あるいは経験から普遍的な規則を見出すのは、むしろ危険なことだ。米国の初等中等教育制度をみるとそれがよく分かる。

米国は州における自治権が強く、高校卒業までのパターンはさまざまだ。六―三―三、八―四、五―三―四、四―四―四などがある。義務教育の期間は九年だが、一二年間は義務教育年限に関係なく希望者全員を受け入れる制度になっている。

さらに複雑なことにはカリフォルニア州などでは就学前教育が義務となっており、日本での年長クラスがそれに相当する。またほとんどの州で小学校からの義務教育就学年齢を七歳としているが、六歳からも認めている。実際は六歳からの入学が普通で、認められれば五歳からも可能だ。つまり、ひとつの学校で経験していることと、隣の州でおこなわれていることがまったく違う可能性が高い。

つまり、一を聞いて十を知ったつもりになるのは誤りを起こしやすい、ということだ。

これからはむしろ「一を聞いたら、十の違う考え方がある、ということに気づく」ことが大切になる。

PART 2

外資系企業で成功する

第4章　外資系企業に入社するには

ここまでお読みになったあなたには、外資系企業の輪郭が次第にはっきりしてきたのではないかと思うが、では、あなたが実際に外資系企業で活躍するためにはどうしたらよいだろう。その前に、外資系企業で職を得るにはどうしたらよいのだろうか。

ある程度仕事の経験がある人は、求人情報をみて応募することになる。新聞やインターネットをみるといつも募集記事が掲載されている。その中に外資系企業の募集はたくさんある。というよりも、むしろ外資系企業が大半を占めているのが現在の状況だ。

そのときに気をつけなければいけないことがある。自分はどういった仕事をやりたいのかを前もって明確にしておくことだ。なぜならば、外資系企業では「就職」はあっても「就社」はないからだ。職種ごとに募集されており、直属の上司となる人との面接で採用が決定されるのが普通だ。日本企業のように人事部が中心になって採用することは少ない。人事部が関係したとしても、スクリーニングといって一次審査をする程度だ。人材募集では、ある特定の仕事に必要な能力を持つ人材が求められている。

またそれなりの業績をあげて、社外にもその人となりを知られている場合には、ヘッドハンティングから声がかかる。もしヘッドハンティングから連絡をもらったら、たとえその時点で会社をかわる気持ちがなくても、つれなく断るのではなく、現在の様子を正確に伝えて今は動く気持ちがないことを伝えることが大切だ。いつなんどきその方にお世話になるかも分からない。

ヘッドハンティングの会社は大きく二つにわけられる。リテイナーとコンティンジェンシーである。リテイナーが本来のヘッドハンティングといわれる会社だ。海外ではエグゼクティブ・サーチ・ファームと呼ぶ。人材を求める会社が、その会社に前もって費用を払う。エグゼクティブ・サーチ・ファームは、人材を紹介して、最終的に入社するまで責任を持って世話をする。もし入社した人が何らかの理由で一年以内に退社した場合には、費用をもらわずに、代わりが見つかるまで面倒をみる。

これに対して、日本に古くからある人材紹介会社のほとんどはコンティンジェンシーだ。いわゆる成功報酬で働く。人材を紹介して採用されたら、その人の年収の三割などと前もって決めてあったレートで採用した会社に請求することになる。

できたらリテイナーといわれる会社とお付き合いがあるほうがいいが、最初からは無理かもしれない。

いずれにしても、ヘッドハンティングの方とは、上手にお付き合いしたいものだ。ヘッドハンティングされるばかりでなく、そういった会社を通じてよい人材を紹介してもらうことが必要なときがそのうち必ずくる。

第5章　成功へのステップ「目標を立てる」

さて、首尾よく外資系企業に入社したあなたは、どのようにして新しい環境になじみ、厳しい競争に勝ち抜き、大きな成果をあげることができるのか。外資系企業で成功するための六つの必須のノウハウをあなたにお伝えしよう。第一のポイントは、当たり前のことだが、「目標をしっかり立てる」ということだ。

1　目的地を前もって決めておく

仕事を進めていくときに気をつけることがある。それは、目的地を初めにきちんと決めておくことだ。仕事では、どういう結果をだそうとしているのかを明確にする。

ただ漫然と仕事に取り組んでいてはよい結果がえられない。そもそもどういうふうにして、結果がよいのか判断するのかを前もって決めておかなければ、判断のしようがない。

この仕事を終えたら、こういうことができるようになっており、このような状況になるだろう、ということを少なくとも自分にははっきりとイメージしておく。

たとえば、営業活動しているときによく犯す誤りがある。それは顧客を、順番に効率よくまわっているだけで満足してしまうことだ。顧客とよもやま話をしたりゴルフの話などをしたりして、仕事をきちんとやっている気になる。

営業の最大の課題は注文を取ることだ。そのためにいろいろなことをする。このお客様からは、これだけの額の注文をいつまでにいただく、ということを常に意識しながら行動する。毎日の活動は、そのためにのみ積み重ねていくものだ。

具体的に次のようなことがよく起きる。ある建築設計事務所に最新のカラープリンターを売り込もうと訪問した。従来の製品に比べると、値段もかなり安く、また色がたいへんきれいで、魅力的な製品だ。初めて訪問したときに商品を紹介したところ、たいへん興味を示してくれた。しかし商談がなかなか進まない。

五回目の訪問でやっと真実が分かった。事務所内でいろいろ検討をしているうちに、カラープリントの用途はほとんどないことに彼らが気づいたのだ。それにもかかわらず、営業は最初の訪問でよい感触を得たということで、従来どおりの方針で一直線に売り込んでいた。結局その事務所は高速プリンターを買うことにした。

それゆえにときどきは、もともと考えていた方向にあっているかどうかをチェックしなければならない。ズレを発見したら、すぐ修正する。と同時に、なぜこのズレが生じたかを考えていくことが大切だ。もしも、最初から狙っていた方向が正しく目標に向かっていなければそれを修正すればよい。野球のボールを投げるときに、最初から方向がずれていれば、向きを変えることで直る。この場合はカラープリンターに関心を示したが、実際には必要なかったのだ。

あるいは、やり方が悪くて、ずれていくのなら、そのやり方を変えていく必要がある。ボールの握り方が悪く、途中で大きく方向が変化してしまっているのなら、握り方を変える。ボールが古くなりすぎて、大きく変形してしまっているのなら、ボールを交換する。

今紹介した例では、営業としての接し方は、間違ってはいない。なぜなら顧客は四回、五回とあってくれたからだ。営業の技術が稚拙ならは、たぶんお客様はそう何回もあってはくれないだろう。

2 プランをしっかり立てる

だから、きちんとしたプランを立てることは大切だ。これがすべてを決定する。そのときに注意しなければならないことがいくつかある。

一番大切なことは、そのプランが実際に実行されたら何が起こるはずなのかを、前もってはっきりと書きだしておくことだ。それをはっきり書いていないと、何をしたらよいかのプランがきちんと立てられない。

お客様に製品を売り込むときに営業が前もって決めておかなければならないことがある。値段が交渉で決まるような製品のときには、いくらまで値段を下げられるかだ。こういう場合では、数回にわたる交渉の最後に値段について合意する。

私の身近なところにもこういったことをきちんとできない営業マンがいた。

この商談は最低でも二二〇〇万円でまとめなければならない。これは社内で計算したコストと競合他社の動きから総合的に出されたものだ。ところがその営業マンは二〇〇〇万円まで値下げしたいと私に特別承認を願いでた。営業管理が数字をみて低すぎると判断し、私に承認を得るように指示した。彼が二二〇〇万円で売るというプランを立てていなかったのは明らかだ。彼に今までのいきさつを説明してもらった。一番の問題は、二二〇〇万円が最低の線だということを意識して、商談を進めていなかったことだ。「おとしどころ」という言葉をよく使うが、それを分からずに仕事をしていた。だから、最終からみて一回前の見積もりで二二〇〇万円を出した。最後の交渉で顧客の責任者が同席して「注文するから、きりのよい二〇〇〇万にしてください」という話になった。その業界では最後に顧客のトップが出てきて駄目押しの要求をすることはよくある。

結果的に商談は成立したが、会社からみると必要な利益を確保できないまま終わった。こういったことを防ぐには、この商談をいくらの値段でいつまでにまとめるのかを営業担当者は前もって決めておく必要がある。その商談がうまくいったときの、あるべき姿を頭にうかべながら進めていくことが肝要だ。その結果を出すためにどのように話を進めていったらよいのかを考える。

なぜ、彼は商談で間違えをしてしまったのだろうか。商談のプロセスを理解していなかったのも一因だ。その業界では責任者が出て最終決断をするときのために、若干幅をもうけておくのが普通だ。それ以上に致命的なことは、ストーリーづくりをきちんとしていなかったことにある。こういった商談は数週間あるいは数カ月かかる。クロージングとよばれる商談をまとめるまでの流れをきちんと自分でつくっておくことが重要である。それをやっていなかったことが致命的な結果をもたらしたのだ。

たとえば海にヨットで出たときに、どこに行くかを決めずに航海するほど無謀なことはない。少なくとも、どの港に向かおうとするのかは、前もって決める。また目的地に行くまでにどこに寄っていくのかをある程度は決めておくものだ。

話はビジネスや航海だけにとどまらないだろう。自分の人生を振り返ってみると、まだ目的地を決めていないことに気づかれる人が結構いるはずだ。

人生の目標とまで、大仰に構えなくてもよいが、「自分が一年後にはこうなっていたい」くらいは決めておいてもよさそうだ。

3 具体的な目標の立て方

さて、あなたが目標を上司と共有する新しい職場に移ったら、最初にやらなければならないことは、上司が、あるいは会社が何を期待しているのかをはっきりさせることだ。せっかく一生懸命やってきたことが、会社が特に大事だと思っていないことだったと、あとで気づいても情けない。期待されていることを満足させるような目標をたてる。

私が新しい職場に移ったときには、必ず自分からみてやらなければと思う項目を「リスト」していった。仕事の詳細がまだ分からない状態で書きだすのである。

私がある外資の営業のトップとして採用されたときには、

「新製品の日本市場への拡販」
「営業管理部の再編」
「技術サポートグループ予算の見直し」
「部品在庫の適正化」

などを書きだした。実際には二十数項目ほどある。このとき売上金額とか、人数とか、在庫金額など具体的な目標値を書く。こういった作業をすると良い点がある。この目標値を設定するには現状を知らなければならない。この作業をすることで会社の問題点がみえてくる。

そのリストを目の前において、上司とじっくりと話し合う。そうすると「自分では重要だと思っていたことが、そうではない」ことに気づかされることがある。また「自分では思っていなかったことで、上司に期待されている」ことが分かったりもする。

私が米国で採用されたときも同じことをした。採用試験のときには最低四年間米国にいるようにと要求された。子供の教育のことを考えて二年にしてもらった。そのあと日本の法人に移籍するのが約束だった。入社早々リストを用意して米国人の上司と話し合った。そのうちに最初はまったく話にあがっていなかった日本法人に関連する業務が思ったより多くなってきたので、日本に移籍するのが早くなる可能性があると感じた。実際には一年ほど経ったら、日本に異動した。

目標が決まったからといって、それでおしまいではない。それを達成するために何をすべきかを決める。目標を決めるだけで、それが達成されるのならそれに越したことはないが、そうはいかない。

目標を実現するために、具体的なやるべきことを書きだす。

何度も繰り返すが、たくさん出てきた項目の全部をやる必要はない。その中でも、特に重要であると考えられるものを選びだす作業が次に続く。

このときにどれを残すかが、目標を実現するための鍵となる。

これを実行すれば、必ずこういう成果が得られる、ということを知っていることが実力だ。過去の経験とか、本からあるいは他人から学んだ知識を総動員しなければならない。

この目標は、時間の経過とともに変化もする。だから一度決めたからといってずっと有効であるとは限らない。特にこれからの世の中は変化が非常に激しく、想定していた環境が大きく変わる可能性がある。

何か目標を設定する際には、本人の能力だけでなく、会社や業界のおかれている状況を考えて、最適なものを基準に決めている。だから、環境が変化するにつれて目標も大きく変わっていく。

昔はＬＰ盤などのレコードをかけるのが、録音された音楽を聴くときの主流だった。それにはレコード針が必要となる。レコード針の良し悪しで、音質が大半決まってしまう。当時はレコード針について研究開発している人がおり、音楽再生の技術分野では非常に重要な位置を占めていた。その人にとって、レコード針の性能を向上させるのが目標であり、その成果は音楽の世界ではかけがえのないものだった。

しかし、今では音楽をレコード盤で聴く人はほとんどいない。せっかくの技術も今となっては価値が低いものになった。もちろんこの技術を他の分野で使えないかと考えていくことは必要だが、この業界ではもっと以前にこういったことを予想して他の手を打つことができたのではないだろうか。

第6章　成功へのステップ「仕事の進め方を決める」

1　最大の結果を出せる仕事の進め方を工夫する

前章で述べたように、まず目標をはっきりさせることが肝心だ。どのようなことが起きたら、目的を果たしたと判断できるかを、きちんと前もって決めておく。それからその目的を達成するための一番良い方法を工夫する。

仕事を進めていくときには、いろいろな障害に遭遇する。まったくトラブルがないという理想的な状況で物事を進めていけることはありえない。必要な人材が揃っていなかったりすることはよくあることだ。ないものねだりをしていては、将来はない。

与えられた制限のもとで、最大の結果が残せるような、仕事の進め方を工夫していかなければならない。そのやり方はいろいろある。

ところが日本人は、画一的なやり方を求める傾向がある。アテネ五輪で期待通り金メダルを獲得した平泳ぎの北島選手を指導している平井コーチが、小中学生の大会に行くたびに、北島をまねて、ストローク数にこだわった泳ぎを、子供たちに指導しているコーチに出会い困惑することがあるという。それぞれの子供たちにあった指導をしていくべきだが、残念ながら、個人別に練習メニューをつくる能力がない。これは優秀なコーチが少ないことを示している。自分で考えて何かをつくっていくことがあまり上手ではない。だから、何かよいものを見つけると、意味を考えずに真似をしてしまうのだろう。

こういった画一的な風土で結果を出すようにするには、いったいどうしたらよいのだろうか。

私は広く世の中にあるやり方を学ぶべきだと考えている。その際注意しなければいけないことは、偏見を持たずにできるだけたくさんのやり方を調べることである。

次に、それらをしっかり理解したあとで、自分で考え抜く。

水泳を例にとると、たとえば水泳が強いオーストラリアでおこなわれているトレーニング法などについて徹底的に調べる。その中で日本人にあったやり方をみつけて、それを組み合わせてひとつのやり方に仕上げる。それが現在日本で行われている方法と違っていてもかまわない。北島選手のやり方も、平井コーチが最初に導入したときには、従来からある日本の標準的な見方からはおかしなものにうつったはずだ。

仕事でもおなじことがいえる。情報収集が成功の鍵を握る。新しいビジネスと自分で思っていても、必ずといってよいほど、誰かがどこかで似たようなことをやっている。たとえばＩＴ関係のビジネスだったら、まず米国の状況を調べることから始める。コンテンツ以外の分野なら、今でも米国は日本より数年は先をいっている。

2　正解はいくつもある

仕事の進め方について、この方法しか正しいやり方がないというのは間違いだ。

現実の世界では、正解はいくつもある。これしか正解がないと思うのは正しくないが、その逆は成り立つ。つまり、これは間違ったやり方だとはっきりいえることは多々あるということだ。

たとえば中小企業のメーカーで代理店を通じて市場に商品を届けているとする。そういった会社が突然、直接販売をしようと試みることがある。中間マージンを減らして取り分を多くしようとの魂胆だ。あるいは現在の代理店に満足していない場合もある。しかし、これはうまくいかないことが多い。なぜなら販売チャンネルを整備するには多額の費用と多くの営業マンが必要になるからだ。また今までその会社の商品を取り扱ってきた代理店が競合商品に乗り換えることがある。そうなると敵を新たにつくることになる。これは明らかに間違った戦略だ。

なぜなら、上手にテリトリー配分をしたとしても、自社営業と代理店営業が同じ市場でぶつかり合ってしまうことが多いからだ。

ではどうしたらよいのだろうか。

その答えは、直販を絶対しないということだ。中途半端に直販をしようなどと始めると、莫大な費用がかかり、また成果がえられるまでに長い時間がかかってしまうからだ。

ところが、これが大企業では正解となることがある。十分な資金と人材を抱えている場合には、直販の方が良いことが多い。直販にすると、市場の声を直接聞くことができ、また代理店での中間在庫をなくすことができる。市場の変化に応じて適切な判断をすばやく下すことが可能となる。

個々の事情にあわせて、与えられた条件のもとで、一番良い方法をみつけていく。そういった地道な作業を続けていけば、きっと結果につながるような、独自のやり方にであう。不思議なことに、一度ひとつのことに成功すると、次はもっと楽に、さらに良い結果がえられるようになる。

第7章　成功へのステップ「『三分・三日・三カ月』がビジネスの鍵」

1　「優先順位」「書いて考える」「先約優先」

何かをするときに大切なことがある。それは「優先順位」「書いて考える」それに「先約優先」だ。

人は与えられたひとつのことだけをただやっていけばよいのではない。必ずいくつかのことを、時間をやりくりしながらこなしていく。そのときに大切なことは優先順位を上手につけていくことだ。自分が今やりたいことをすべてやることは不可能だ。

現在もユニークな活動を続けておられるドクター中松氏の講演を、二〇年以上も前に聞いた。そのなかで今でもしっかり覚えている言葉がある。

「昔は『よく学び、よく遊べ』だった。今はそういう時代ではない。『よく学んだら、遊べない。よく遊んだら、学べない』」

こんなに情報が満ちあふれ、また新しいことが次々と生まれてくる社会では、すべて思いつくことを成し遂げることはできない。

上手に捨てることが必要になってくる。

何か問題に直面したときには「書いて考える」ことを薦める。書きながら考えることを、是非やって欲しい。問題が目の前に現れてくるし、また文字として残るので、さらに深く考えることができる。頭の中だけで考えようとすると、あっちこっちと飛んでしまい、考えがまとまらない。それを防ぐことができる。こういうときは大体同じことを何度も考えていることが多いものだ。書き残しておくと、以前思いついたことがすでに文字として残っているので、繰り返し同じことを考えなくてすむ。面白いことに、このことを非常に頭のよい人に言うと、ほとんどの人が否定する。それは頭のよい人は、瞬間的に考えて正しい結論に達することができる自信があるからだろう。

それから「先約優先」を私は信条にしている。先に約束したことは、あとからもっと楽しいことが出てきても、キャンセルはしない。こうすることのメリットは二つある。まずこのように決めておくと、人と約束する前にじっくり考えるクセがつく。なぜならあとから他のもっと魅力的なことが来ても、それをないがしろにしないと、自分に約束することになるからだ。またこんな簡単なことでも、自分なりのルールを決めておくと、混乱した状況でも、より正しい判断ができるようになる。簡単なことでも、判断をする際にはじっくり考えるクセがつく。このときに長い時間をかけて考える必要はまったくない。三分もあれば十分すぎるほどだ。

2 毎日三分間じっくり考えよう

私は外資系企業で成功するためのキーワードとして「三分」「三日」「三カ月」をあげたい。

まず時間の基礎的な長さとして「三分」をあげたい。「三分間じっくり考える」ことを薦める。最初は「何を考えるかより、考える作業を三分間毎日続ける」ことを重視したい。この習慣をつけるだけで人生は大きく変わってくる。できたらこの作業をおこなう時間帯だけは決めておいたほうがよい。たとえば朝起きてすぐとか、あるいは就寝前などである。

三分は短いようで長い時間だ。ファストフードは注文を受けてから三分以内にお客に品物をわたすのを目標にしている。それ以上待たされると、お客はイライラしてくる。同じような理由で、家庭で食べるインスタント食品のほとんどが三分で調理し終えるようになっている。

パーティの席などでも挨拶は三分以内で終えると良いとされる。それだけの時間があれば十分にこちらの気持ちを相手に伝えられる。

一〇年ほど前に富士銀行（現在はみずほ銀行）が新社会人向けに小冊子を発行した。テレビのウルトラマンは番組の最後の三分間でどんな難題も解決した。それをうけてこの小冊子では短時間でいろいろなことをこなせる実例を紹介している。たとえば「電話は三分」の項では、三分あればビジネスに必要なコミュニケーションはこなせる。そして、もしも「話がこみいってきたら、直接あって話をする」ことを勧めている。

3 三日間をどう過ごすかを三分間で考える

以上を理解したうえで、「もし三日間の休暇が急にもらえることになったらどのように過ごすか」を考えてみよう。

まずA4判くらいの大きさの白紙を数枚用意する。そして最初に三分間かけて、この三日でやりたいことを思いつくまま書きだす。このときちょっとしたコツがある。それはできるだけ多くのことをリストアップしていくことだ。少しばかり現実ばなれしたことでもかまわない。

次に書きだした事項を並べ替える。そのときには自分にとって重要なこと、つまり優先順位に従って並べ替えていく。こういった作業をスムーズにするには、最初のステップでやりたいことを書きだす際に、カードを使うとよい。あるいは最初のリストを見ながら、優先順位に従い、移し替えていく。これも三分あれば終了する。この作業が終わると目の前には三日間でやりたいことのリストが優先順位に従ってならんでいる。

次に三日間でできることを先ほどの優先順位に従って拾いだしていく。優先順位は高いが三日間ではとうていできないこともあるだろう。中にはいくつかを組み合わせることになるものがある。たとえば「東北地方に旅行に行く」と「温泉につかる」「夏祭りを楽しむ」「美術館めぐり」などを上手に組み合わせてひとつのものに仕上げる。ここでもっと大切なことは最初につくったリストにあっても、できないことがたくさん出てきてしまうことだ。これは捨てなくてはいけない。またこういった準備を進めているうちにお金がかかりすぎてできないと分かることもある。

最後に一番大切なことがある。それは、たとえば旅行に行ったのなら、帰ってからだ。旅行に行く前に立てた計画と実際の行動をつき合わせて、簡単な反省をする。たぶんスケジュールが過密すぎて、じっくり楽しめなかったことがあったはずだ。あるいはこうすれば、もっと楽しめたということもあるだろう。そういった「気づき」を簡単に書き残しておくと、次にはもっと充実したものにすることができる。

常に「受身ではなく、自主的で、前向きの取り組みをして、簡単でよいから記録に残す」ことが大切だ。

4 三カ月で仕事をマスターする——準備編

では今度は外資系企業での仕事を三カ月でマスターするためのコツをあなたに伝授しよう。

新しい業務を短い期間でマスターして、得られるものはたくさんある。しかしちょっと待ってほしい。その前にマスターするための準備がある。

たとえば、在庫管理の仕事についたとする。仕事の内容は会社が持っている材料や部品、それに製品などの在庫を正しく管理することだ。

まずその職場で以前からやってきた方法をしっかり覚える。と同時にするべきことがある。もしあなたが在庫管理についての経験や知識がなかったのなら、本屋に、しかも大型店にすぐ行くことだ。

ビジネス書のコーナーに行くと二〇冊くらいの在庫管理に関する本が見つかる。読んでみて分かりやすいと思ったものを五冊ないし一〇冊ほど買う。そのとき、同じ著者のものが重ならないように注意しなければならない。なぜなら、思いのほか、書物には間違ったことが書いてあることが多いからだ。異なる著者が同じことを書いていたら、多分正しい。

その本を一週間以内に読んでしまう。一冊目で大体のイメージができるので、二冊目以降は簡単に読める。この勉強はもちろん業務時間以外にする。土日をフルに使えばよい。新しい職場にかわった数カ月の休日は、休みではない。

外資では誰かがきっと教えてくれるだろうと待っていては何も起こらない。自分で何が不足しているのかを知り、自分で知識をためていく。もちろんそれなりのポジションで採用されると、入社後早ければすぐに、遅くとも数カ月後に、米国本社への研修をかねた出張が用意されるが、それまで何もせずに待っていてはいけない。そのときまでに自分の業務を遂行するための基礎知識を完備しておかないと、本社では何も学べない。

知識を活用しながら業務を覚える。そのようにしていくと、必ずさらに改良すべきことに気づく。そこを直していくと、次からは仕事のレベルが上がっていく。そうすると、次の改善のネタがまた目の前に現れてくる。これをつぶしていくと、ますますその人の能力は向上する。このようにしてその人の能力は急激に上昇する。

結果をだすと、人は達成感を覚える。達成感を味わった人は、そうでない人に比べると、ずっと幸せだ。何かをなし終えるということは、ある意味での快感を得ることだ。そんな幸せな気持ちは、実際になし終えた人にしか与えられない。それが続くと、毎日の仕事が楽しくなる。

世の中には、歌のうまい人が結構いる。私のまわりにも、カラオケとなると急に元気の出てくる友人がいる。彼らに共通していることがある。それは、機会があればカラオケにいく。鶏と卵の関係ではないが、歌の上手い人ほど、よく歌う。上手なので、まわりの人から褒められる。するとなおさら歌うことになる。こうやってますます上手になる。

仕事でも同じだ。良い仕事をすればまわりから評価される。それに刺激を受けてさらに仕事に励む。褒められると、自ら仕事の進め方に工夫をし、もっと良い仕事をする。

また自信が出てくる。自信は他人から与えられるものではない。自分で成し終えたことから湧きでてくる。未経験のことに立ち向かうときに、自信のないまま行動を起こすと、成功する確率は低い。同じ能力であっても、自信があるかないかは、結果に大きな影響を及ぼす。

多くの人は三カ月で新しい業務をマスターできるとは思っていないはずだ。それを成し終えたあなたはまわりの人から驚きの目でみられる。また、早め早めに新しい業務をマスターしていくと、自分のキャリアを広げていくのにも役立つ。

私にとって最初の外資系企業だった日本ＴＩ社で、こういった経験をした。同社には五年半ほど在籍したが、その間に五つの職場をまわった。入社したのは製品企画部でマーケティングの仕事だった。一年後、米本社との共同作業だった販売・在庫管理用コンピュータシステムの導入にユーザー代表として参加した。その後も同じように、ほぼ一年単位で新しい業務を経験した。そういったことが可能になったのも、常に三カ月で本格的に業務を開始できるように心がけたからだと信じている。そうでないと、半年もかけて、やっと慣れたころに次の職場に移っていくのでは、一年間という限られた間には何の成果も出せずに終わってしまう。

「成果を出していない人には、次の職場へのチャンスが与えられない」というのがこれからの常識となる。

5 三カ月で仕事をマスターする——心構え編

何ごとにも、時間をあまりかけてはいけない。そういったスピードが外資系では要求される。そういう意味でも新しく会社に入ったり、新しい職場に替わったりしたときには、三カ月で仕事をマスターすることが大切だ。

以前、私と一緒に仕事をした仲間が独立し、現在個人で雑貨輸入の仕事をしている。その前は、彼は外資系企業の営業担当の役員だった。日本企業に長く勤めてから、五〇歳過ぎての転職だった。一緒に勤務していて、歯がゆく感じたのは、スピードの遅さだ。日本企業は、コンセンサスを得るまで時間をじっくりかける。そういったところで三〇年以上もいたのだから仕方がないのかもしれない。

しかし外資系企業では、スピードが要求される。彼が採用され、ほぼ一年経ったころだ。年度末が近づいてきて、会社の売り上げが予算を大幅に下回ることが予想された。米国本社に数字を約束しているので、なんとか努力してできるだけ予算額に近づけなければならない。そばで見ていて、彼が危機感を感じている様子はなかった。彼の心の中には、その年は彼にとって一年目だからというのがあったのだと思う。その年度は大幅な予算未達成で終わった。彼は、閑職に、即配属された。二年後には、その会社を退社した。

三カ月で仕事をマスターするのはそんなにむずかしいことではない。少しばかりの工夫と、必ずやり遂げようとする意識があればよい。三カ月で仕事をマスターしてしまえば、本来自分が持っている能力を早い段階から、思う存分に発揮できる。

実際に皆さんが初めて勤めたときのことを思いだしてみよう。最初の一週間は、職場の皆さんに挨拶回りをしているうちになんとなく終わった。次の週は、社内での研修を受けたりしていると、また一週間があっという間に過ぎていく。

しかし、そのように時間を過ごしてはいけない。私は三カ月を過ぎたら、本来の能力を発揮できるような状態にもっていくことを強く勧める。早めに本来の状態にもっていくように努力する。そういう意味でも、最初の三カ月は、これから続く長い会社生活の中でも、最も重要だ。

三カ月で助走期間を終えてしまうと、四カ月目に入ったら、まわりの人と同じように、あるいはもっと良い状態で仕事を進めていくことができる。

前節の繰り返しになるが、そうなると、まわりの人は間違いなく、あなたを仕事のできる人、として認める。その結果、より多くの仕事を頼まれるようになる。その人にとって新しい仕事をするということは、新しい情報が入ってくるということだ。今までどおりの仕事だけをしていては、入ってこないような情報が手元にくる。

正しい情報が入手できて、正しい判断力があれば、必要なものが全て揃ったことになる。それに行動力があれば、良い結果を生みだすことはそうむずかしいことではない。

「最初の三カ月は、あとの一年よりも数倍の価値がある」ということを肝に銘じていきたい。

6 三カ月で仕事をマスターする——実行編①

「一カ月で通常業務を完全に理解する」

では具体的に三カ月でマスターするにはどうしたらよいか。それには最初の一カ月で、決まりきった処理をする業務を完全に理解するようにする。そのためのコツはひとつしかない。

メモをこまめに取ることだ。

私は「優秀な人ほどメモをきちんととっている」ということをいろいろな機会で学んだ。仕事の多くは日や週単位で繰り返す。部署によっては、毎朝職場集会を開いて、その日にすべきことをみんなで確認したりすることがある。多くの会社では、毎週月曜の朝一には会議が開かれる。前の週に起きたことを報告し、今週の予定などの確認をする。

私が勤務していた会社では、月曜日の朝、二時間ほどかけてこれをしっかりやっていた。時間のかけ過ぎと思う人がおられるかもしれないが、要は中身次第だ。まず先週受注したものを報告する。ある営業部が一二週連続で受注成功ということもあった。そのときの部長は誇らしげだった。会社全体で年間五〇台販売が平均だったので、いかに頑張ったかが分かる。報告の中心はどのようにして競合企業に勝ったのか、どのようにして受注にもっていったのかのプロセスについてだ。成功体験をみんなで分かち合い、これからの自分たちの活動の参考にする。

次に報告するのはこれから受注しようとしている案件について報告する。それぞれの営業が担当している顧客で商談中の案件を詳しく説明する。まわりの人間がそれに関連した情報を紹介したり、過去の経験にもとづくアドバイスをしたりする。業界が特殊であったので、こういった情報交換がビジネス成功の鍵となる。ここまでが、どちらかといえば会議の根幹だ。

あとは競合企業に関しての情報や、マーケット全般の報告をする。

それらを月単位でまとめていく仕事がある。特にマネジメントに関することの多くが、これに属する。財務に関していえば、月次決算を必ずおこなう。日本法人のトップであれば、本社への月報の準備は重要な仕事だ。

このように、主要な業務は一カ月のなかで、一度は必ず遂行され、あなたは最初の一カ月で、これを初めて経験することになる。世の中に、共通の部分もあるはずだが、企業によって大きな違いがあることもある。この初めての業務については、その場で必ず「仕事の流れ」と「処理の手順」を理解し、覚えてしまう。メモをきちんと取ることは言うまでもない。

こういった業務は、必ずある約束事に従って処理されている。そうでないと、日本の法人として、あるいは会社としての一貫性が保てない。だから作業の根底には、企業としての基本的な考え方が横たわっている。表面的な仕事の手順だけでなく、その考え方を理解することが必要だ。たとえば、米国の企業は日本企業に比べると、キャッシュフローを重視した経営をする。管理会計で要求される資料には、それに関したデータがたくさんある。ＤＳＯと呼んでいる売掛債権回収期間については、取引ごとに管理するのが普通だ。日本企業でこのようなきめ細やかな管理をしているところはあまりない。こういった意味を理解しないと、やっていることをきちんと覚えることができない。そして必ずメモに残す。

来月になって同じ業務について、他人に聞くのは恥だと、強く自分に言い聞かせることが必要だ。

7

三カ月で仕事をマスターする——実行編②

「高度な判断が必要な業務は二カ月目で形をつくる」

二カ月目に入ってもメモを取るという基本は崩さない。

大事なことはメモの取り方次第で、これからの会社人生が変わっていくということを常に意識していることだ。メモは緻密であればあるほどよい。

一カ月目で習得した定型的なもの以外に、課題が与えられたときに、種々の条件を加味しながら、その場に応じて判断・決定していくものがある。このとき、処理の仕方や判断方法に決まりきった形があるわけではない。非定型だから、パターンは決まっておらず、従ってその答えはそのたびに考えていかなければならない。

前節でも述べたが、企業によってある程度の判断パターンはあらかじめ決まっている。それを裏から支えているのが、その会社の基本理念や規範である。と言っても、むずかしいことではない。その企業が長年培ってきた成功体験や失敗した経験が、執務規則には書いていないが、社員の行動を暗黙のうちに規制している。文字として書いてないのにもかかわらず、社員の体に染み込んでいる。その会社では、あることに遭遇すると、おそらく多くの社員がほとんど同じような価値判断をするはずだ。だから、企業が異なれば、同じような状況にあっても、取るべき対策が異なってくる。

私が社長を務めた会社は利益志向が非常に強い会社だった。日本企業ではあまりみられないが、成績のよい外資系企業ではごく普通の経営方針だ。競合企業と競り合いになり値段がある限度より下がったら、途中でその商談を諦めるのが会社の方針だ。利益を確保できないような仕事を受けてしまうと、最終的にどこかで手抜きをせざるを得ない。企業は利益なしには生きていけないからだ。そうなると結局顧客に迷惑をかけてしまうことになる。

ところが、日本企業である競合会社はなりふり構わず受注に走るのが特徴だった。かなり無理だと、第三者にも分かるような商談にでも積極的に売り込んでいく。あとで歪が出て、顧客からクレームが出ても構わないとの姿勢だった。私は今でもこの競合のやり方は間違っていると考える。

ここがいちばんむずかしいところだが、経営幹部としてあなたが採用されたならば、こういったその会社に根付いている規範を一〇〇パーセント守るのは止めたほうが良い、と私は考える。なぜなら、あなたはそういった旧習を改革する目的で採用されたのだからだ。どこまで壊し、どれを守るかについては、あなたのバランス感覚が問われる。

だから、二カ月目にはそのような個別の判断を要求される業務についてのスタンスを決めるべきだ。そして、それに従って行動していく。反発が異常に大きくなりすぎたときは、それに修正を加えていけばよい。まず、そのような業務に出合ったら、遠慮をせずに、自分なりの判断をして、行動していくことが必要だ。

8 三カ月で仕事をマスターする——実行編③

「三カ月目で仕事の進め方を完成させる」

一カ月で、決まりきった処理をする業務については完全に理解する。二カ月で、高度な判断を必要とする業務の進め方を改善し、三カ月目には仕上げる。このとき今まで書き綴ったメモが大いに役立つ。仕上げの最終章として、今までに気づいた点を含めて新しい提案をする。

決まりきった業務をマスターしていくときに注意すべき点がある。最初その仕事の進め方について、改善すべき点に気づいても、そのままにしてまず覚えることだ。

今のやり方をしっかり覚える。それがスタートだ。

なぜなら、ある仕事の進め方は、思わぬところで他の業務と関連していることがあるからだ。

たとえば経理の仕事をしていて、会社の規模のわりに口座を開いている銀行の数が多すぎるのに気づいたとする。二ないし三行ぐらいとの付き合いであったなら、問題ないと判断する。もし一五行も口座を持っていたらそれは多すぎる。しかし、もしも会社の主力商品が銀行向けのものであれば、営業が売り込みにいって商談が成立したときには必ず、その銀行に口座を開くように頼まれる。それが日本流のやり方だ。日本市場で活動していくには仕方のないことだ。

初めは、あなたは他との関連事項まで十分に理解できていない。だからこの時点では、現行のやり方に変更を加えることはしない。まずはしっかり理解するだけに留めておく。しかし数回それをやってみてある程度他との関係がみえてきたら、改善に手をつけるときだ。

昔はそれなりに意味があったことでも、時代の変化とともに必要がなくなることが多い。むしろないほうが良いことも出てくる。お米は、日本人にとっての主食だ。戦前戦中で実行された大都市での配給制や、その後改正された食糧管理法が、長い間にわたって米の供給を管理してきた。その結果、値段も横並びで、品質もどちらかといえば一様だった。しかしその法律ができたときには必要だった。現在は食材の多様化が始まり、お米が食事に占める役割が変わってきた。以前は非常に役立った仕組みが、今となってはむしろ害をおよぼしている。というので食糧法が改正されたわけである。

業務においても、同じだ。毎月大量にプリントアウトしているデータのうち、実際に活用しているのはそのごく一部ということはよくある。なぜこんなことが起こるのか。

あるときに、何か問題がおきた。それを解決し、管理していくためにそれ専用のレポートを作成する。これはプログラムで組むから、次回からは自動的に印刷される。時間がたち、しかも仕事のやり方を変えたので、そのような問題はもう起こらない。しかし、相変わらずそのレポートは印刷される。しかもその間に他の問題が発生する。そのためには、別に専用のレポートを新たにつくる。その結果、自然にこのようなレポートの種類が増えていく。こういったケースをすばやく見抜き、すぐに改善するのがあなたの仕事である。

9 三カ月で仕事をマスターする——実行編④

「毎日、改善しつづける」

新しい仕事に三カ月で慣れながら、同時に改善のネタをさがす。常に今よりもっと良い仕事の進め方はないかと考えてゆく。

そのときに、漠然と問題がないかと考えるよりは、道具を使ったほうが楽だ。そんなに時間をかけずに有効な解決策を比較的簡単に見つけられる。それが発想法や問題解決の手法だ。

二〇年以上も前のことだが、全社的品質管理（ＴＱＣ）が日本だけでなく世界中の製造業でもてはやされた。いつでも起きることだが、ブームが出現すると、内容を十分理解せずに、やっかみ半分でそういったものを批判する人たちも出てくる。大きな流れに、あえて逆らうことで、自分の存在感を示そうとする人がいる。

私は、そういった管理手法を勉強して、自分の仕事にいかしていくことはたいへん良いことだと信じている。せっかく先人が苦労してつくってくれた知恵をつかわない手はない。

そういった道具のひとつに「パレートの法則」がある。パレートというイタリアの経済学者が発表したもので「八〇対二〇の法則」ともいう。顧客が一〇〇社あるとする。そのうちの二〇社の売り上げだけで、会社全体の売り上げの八〇パーセントを占めるということだ。

これは「わずか二〇パーセントが重要な役割をはたしており、残りの八〇パーセントはなくても良い」ともいえる。その残りの八〇パーセントをもっと価値をつくることに振り分けたほうがよいということだ。

「魚の骨」とも呼ばれる特性要因図を活用して、原因と結果の関係を系統立てて探ることもできる。こういった道具を上手に使って、毎日の改善のネタをさがす。

今はグルメブームであり、おいしいお店の話題を載せれば雑誌は売れる。あるグルメ誌の記者が、行列のできるラーメン店を取材した。一〇年以上も前から有名店として、ラーメン通には知られている。最初に常連を自負しているお客さまから「ここは、いつ来ても味が変わらず、おいしい」というコメントをもらった。そのあと店主にきくと「私どもは毎日味を研究しており、味が同じ日は二日とありません。だからお客様はおいしいと言ってきてくださるのです」という。取材を終えて車で帰る途中で、その記者はもう一軒の有名店の前を通りかかった。何年かぶりでもあり、立ち寄ってみた。久しぶりに食べたラーメンは昔の味をそのまま残した懐かしいものだった。しかし、以前と違って、昼時にもかかわらず、お客の数はまばらだったそうである。雑誌のこんな小さなエピソードからも多くのことを学べるものだ。

10　会社固有の「三文字略語」を覚える

ＤＳＯ、ＥＭＳ、ＭＮＣ、ＮＳＢ、ＮＳＥ、ＲＦＱ。あなたはこれらの言葉を見ていくつ意味が分かりますか。英語圏では、「三文字略語」をよく使う。企業によってまた独自のものもある。私はこういった三文字略語を五〇ぐらいはすぐ思いだせる。

英語の世界では三文字だが、不思議なことに日本語では四字熟語だ。外資の世界では、三という数字に、やはり特別の意味がある。

ちなみにＤＳＯはDays Sales Outstanding の略で売上債権の回収日数をいう。日本と異なり、米国ではキャッシュフローを重視した経営をする。売り上げ項目ごとにこれを管理する。米国の標準的な日数は三〇日以内だ。日本では手形を使うので一二〇日などと米国の基準から言えば非常に長くなる。この回収期間の長さはいつも本社との議論の大きなテーマだった。

あなたが外資系企業に入ったらこういった三文字略語をすぐ覚えるように努力しよう。私にとって初めての外資である日本ＴＩ社に入社して数日後にマーケティングの会議があった。当時のマーケティングのトップは米本社からきているジェリー・モフィット氏だ。当然会議は英語で進める。私が困ったのは、一時間ほどの会議の中身がほとんど分からないことであった。英語はどちらかといえば得意であったので、ショックだった。

それから数日後に、九州の日出工場からの人たちとの会議があった。ここには外国人が出ていなかったのですべて日本語で進められた。ここでも困ったことに、内容がよく摑めない。その理由は、三文字略語のせいだと気づいた。それからは、新しい言葉を聞くたびに、すぐ尋ねて意味を書き留めた。そうしてやっと話についていけるようになった。

そのような経験から、会社をかわるたびにそういった言葉には特に気をつけて一覧表をつくっていった。

先日、ある集まりで英語に関する話をしたときに、この三文字略語について少しふれた。発表の準備をしていて、思いつくままにリストしてみた。そのときに気づいたことは、この三文字略語だけをキーワードにして、ビジネスに関する話ができるということだ。

11 「三」には特別な意味がある

本章ではこれまで「三」という数字に徹底的にこだわってきたが、三カ月という数字の「三」には特別の意味がある。二カ月や四カ月でもよいのでは、と思う人もたくさんいるかもしれない。しかし私は「三カ月」に強くこだわる。

日本語では「三」はいろいろなところで使われる。たとえば「御三家」や「三種の神器」などだ。古くは毛利元就が臨終の際に、三人の息子たちに伝えた「三本の矢」の話も有名だ。こういった「三」にまつわる話や、言葉を捜すときりがない。

また科学の世界では「三原色」がある。他にも「三態（固体、液体、気体）」、「三大栄養素（タンパク質、脂質、糖質）」などがある。科学の世界で使われている言葉をじっくり見ると、「三」にはもっと深い意味があることが分かる。単に数字で三番目というだけでなく、「物事の基本になるもの」というような意味にとることができる。

ビジネスにおいて、特に米国企業では三カ月は特別な意味を持つ。四半期が大切な時間の区切りだ。四半期ごとの業績が発表されると、株価が大きく変化する。また、取引銀行との間の金利が大きく変動する。米国の銀行では、四半期ごとの財務成績にもとづいて、すでに貸しだしている金利についても見直す。従って、米国企業では四半期ごとの業績が、年間を通しての業績と同じように重要な意味を持つ。

その報告書を発行する前に開催され、業績の報告をする社内会議をクォーターリー・レビューと呼ぶ。主に本社で開催されることが多く、これには日本法人のトップが、毎回もしくは半年ごとに出席する。

時には、風光明媚な場所が選ばれることもある。私はライン川沿いの古城を改装したホテルに五日間ほど泊り込んでの会議に出席したことがある。船を借り切っての、バンド演奏付きのディナーも用意されていた。

余談はさておき、それ以上に、「三カ月」には仕事を覚えるということで、もっと現実的な意味がある。

一般に企業では一カ月を単位にして業務を進めていく。多くの主要な業務は一カ月に一度は必ず遂行される。これを一二回繰り返して、一年になる。だから一カ月を過ぎると一通りの業務を一度は経験することができる。この一回目の機会にしっかりとやり方を覚えてしまうことがまず大切だ。やり方を覚える際に常に問題意識を持つことが重要だ。

これを繰り返していくが、その問題意識をもちつづけることが鍵となる。三カ月経った時点では同じことを三回経験しているが、ただ表面的に繰り返したわけではない。逆にいえば、三回の経験で、考えられるいろいろな事態を想定しての対応をしたことになる。

そのように充実した三カ月を過ごしたプロであるあなたは、もう外資系企業のエキスパートになっているはずだ。

コラム4 西堀栄三郎先生から学んだ「能率」

私は本をたくさん読むほうだ。そのせいで私の書斎は本の山に囲まれており家内からは不評だ。

今まで読んだ本のなかで、私の座右の書として挙げられるのが二冊ある。その中の一冊が『南極越冬記』だ。

私が小学三年の時に、戦後初めての南極地域観測隊が東京晴海埠頭を出発した。その時使われた船が「宗谷」だ。戦前に耐氷型貨物船としてつくられ、戦後は、引揚船、灯台補給船として細々と使われていた老朽船を大幅に改造した。そのオンボロ船で南極まで行った。小学生だった私は、たぶん週刊だった子供新聞の一面で報道される「宗谷」の様子を一生懸命読んでいた。次の新聞がくるまで、その記事を何回も読み直していた。それが大学生になるときに造船工学を選んだ理由かもしれない。

そのとき永田隊長の下で越冬隊長を務められたのが西堀先生だ。帰ってこられた年に発行されたのがこの本だ。

この本を最初に読んだのがいつだったのかは正確に覚えていない。出版されてからずっと経った、おそらく私が大学生のときだったと思う。なぜなら、私はそのころ社会人の山岳会に入っており、登山の先駆者として先生を尊敬していたからだ。

その本には、先生のあだ名が「能率協会会長」とつけられてしまったと、書かれている。

先生の説明によれば、能率とは「目的を果たしながら、もっとも要領よく手をぬくこと」とある。そして、何をするにも能率を考えて行動しなさいということだ。本のなかで一番印象に残った言葉がこれだった。

今でもときどき、この能率に関する言葉を思いだしながら、能率よく生きてゆくにはどうしたらいいかと考えている。

この文章を書いているときも、「能率」という言葉を思い浮かべながら進めている。このときの能率とは、より早くたくさんの文章を書けるのか、または相手にすんなりと伝わるような読みやすい文章になっているのか、あるいは読者が私の考えに納得してこれからの行動に役立ててくれそうか、などと考えながらだ。

第8章　成功へのステップ「日程を管理する」

1　スケジュール管理術①——「時間」の使い方を考える

外資系企業で成功する秘訣は、スケジュールをしっかり管理することである。

スケジュールを管理するために、手帳などに付いているカレンダーを使っている人は大勢いる。しかし、上手に使いこなしているかというと、そうでもない人のほうが多い。よく見られる悪い例は、手帳にぎっしりと、人と会う約束などを書き込んで満足していることだ。なかには、スケジュールが埋まっていないと、不安になってしまう人もいる。

具体的なスケジュール管理の話をする前に、時間の使い方を考えてみよう。

それは、大きく三つに分けられる。ひとつは人に会ったりすることだ。英語で「日時・場所を決めて約束すること」（『新英和中辞典・第五版』研究社）の意味を持つ「アポイントメント」を略して「アポ」などという。「いつどこで誰と」など、前もって決めておくことだ。会議に出席するのもこれに入る。

以前勤務していた会社で、会議が非常に多いところがあった。一日に数回あるのは普通だ。会議に出席するのは、大切な決定に参加することだから必要不可欠だ。問題なのは、会議の数が多すぎることに、問題意識を持っていないことだ。同僚の技術部長は、一日に一〇以上の会議に出席しており、それが忙しさの証明であるかのように自慢していた。米本社の技術レベルが非常に高く、その会社はほぼ一〇年ごとに世界的な大発明をしてきた。世界的に著名な技術を多数持っていたので、日本法人はそれでもやっていけたのだ。

時間の過ごし方の二つ目は「タスク」だ。これが一番重要な要素で、いわゆる仕事そのものをすることだ。会議に出席するための準備もこれに入る。この部分が、付加価値を生みだすところで、肝心要のところだ。この部分を先ほどのスケジュールに書く。このような本来業務を大切にして、上手にコントロールしていく。これをスケジュール帳できちんと管理する。小さなスケジュール帳にこういった込み入ったことを書くのは不可能であり、ある程度の大きさが必要だ。私は聖書判と呼ばれる大きさの手帳を用いている。

通常はいくつかのプロジェクトが同時進行の形で進められる。これらを並行して進めていくには、自分の身はひとつしかないから、自分で使える時間を上手に振り分けなければならない。それぞれのプロジェクトごとに必要な時間を予測することから始まる。最初はこういったことに慣れていないので、精度高く予測することはなかなかできない。この精度を上げることが、こういった仕事を上手に進めていくための基礎となる。

最後は、「付随業務」ともいえるものだ。誰かを訪問するときの移動時間や、アポとアポとの空き時間などだ。

私のアシスタントに数箇所を訪問するスケジュールを立ててもらったことがある。東京近辺だが一日に五社を訪問して新任のご挨拶とともに今後の提携の仕方を打ち合わせするのが目的だった。

どの会社も、私にとって初めての訪問だ。彼女はその部署に数年いるとのことで全部まかせた。私が、指示したことは、相手の会社にいる時間を一時間程度確保して欲しい、ということだけだ。訪問の前日に、彼女にその会社についての簡単な質問をしたのだが、答えられなかった。少し意外に思ったのだが、あまり気にとめずに当日になった。もう少しいろいろ確認すべきだったと、あとで大いに反省した。

その一日は悲惨なものだった。移動時間がきちんと考慮されず、打ち合わせ時間はほとんどなかった。二箇所目の訪問先に向かう途中で最寄り駅についた時刻は、その会社を出ているはずの時刻だった。結局数日後に、今度は自分でスケジュールを立てて訪問し、やっと目的を果たすことができた。

なぜ彼女がスケジューリングをきちんと立てられなかったのかは、今でも謎だ。そんなにむずかしい仕事ではなかったはずだが、今までこういったことをした経験がなかったのは明らかだ。たぶん「アポ」を適当な時間間隔でちりばめれば十分だと思ったのだろう。「タスク」に相当するミーティングをしている時間や、移動時間などの「付随時間」をきちんと考慮していなかった。ようするに相手の身になって考えていなかったのだ。

私がその会社に移ってまだ一週間も経っていないときの出来事だ。彼女とは数日前にアシスタントとして紹介してもらったばかりだ。一瞬「ひどい会社に入ってしまったな」と後悔しかかったほどだ。数カ月後、私は以前つとめていた会社で一緒に仕事をしたことのある女性をアシスタントとして採用した。

話が長くなったが、要するに「アポ」と「タスク」と「付随時間」の三つの時間をしっかりと管理するのがあなたの仕事である。

2 スケジュール管理術②——三カ月単位の日程を管理する

では具体的な日程管理をどうするか。

やるべきことがいくつかある。ここでは「三カ月」をベースにする。第5章で述べたように、長期的な目標をたて、それを実現するように努力することが大切だから、まず「三カ月」のスケジュールからつくっていく。

私は三カ月をひと目で見ることのできる表を手帳にいれている。そこには長期にわたるプロジェクトなど時間のかかるものの進捗状況が分かるように書かれている。特に時間をかけるタスクのために時間が確保されるように気をつける。

それをもとに月間の日程をたてる。そのときには、一カ月がひと目で見ることのできる表を使う。「目でみる管理」という言葉があるように、ひと目で必要な部分を見ることができるのは大切なことだ。その月に予定している大きな行事や、時間を大きく取られるような出来事を書きだす。特に出張は丸一日ないしは数日つぶれることがあるので、しっかりと書いておく。また締め切りがある場合には、すぐ分かるような特別な印をつける。それと予想される仕事を、大まかでよいから書く。その時点で数日のズレを気にする必要はまったくない。

次に週単位での日程に落とし込んでいく。これもそれほど時間をかけなくても書ける。月曜日の朝一番で、「三分」でつくってしまう。同じように毎日の日程も週間日程と同じように「三分」で毎朝つくっていく。

最後に、大切なのは、実際におきたこと、実行したことを同じところに書き込んでいくことだ。予定していたことを終えたらその横にチェックをいれるなど、自分でいくつかの約束をつくる。もし、やり残したら私は丸で囲んで、できなかったことを示し、別の日付のところに書きうつしている。三カ月、月間それに週間の日程では、プロジェクトマネジメントなどで使われるガントチャートのやり方を参考にするとよい。人によっては週間の日程はなくてもすむことがある。

これを成功させるための秘訣は二つある。ひとつは、毎日、朝一番にその日の予定を確認することだ。これを「三分」で必ず毎日実行する。月曜日にはそれに週間の予定の部分が加わる。二つ目は、実際に起きたこと、実行したことを書き並べておく。特に予定通りいかなかった場合は、計画がまずかったのか、あるいはやり方が悪かったなどの反省材料になる。こうすると、同じようなことをするときには、それを参考にしてもっと良い計画を立てることができるようになる。

こういう話をきいても、「世の中予定どおりいかないのが人生だ」と言って計画を立てない人がいる。それでは良い仕事はできるはずがない。できないことが多いからこそ、計画をたてて、修正を加えていくことが大切なのだ。

今まで話したことは非常に簡単なことだ。私はこれを必ず実行している。それはこんな失敗をしたことがあるからだ。

フランスの研究所の仕事だった。画期的な発明がほぼ完成したので、日本の会社の反応を見たいという連絡が日本法人にきた。技術と日本市場に詳しいとのことで、私が日本での窓口になった。日本の大手企業数社をフランス人の技術者と一緒に訪問した。そのうちの一社が試作品を購入してくれることになった。早速契約を交わして、作業に入った。それはある年の九月だった。一二月までに試作品を納入する約束だ。そのころから手帳にある程度のスケジュールを書き込んでいたが、そういったプロジェクトを管理できるものではなかった。

一二月になっても試作品はフランスから届かない。そのうち年が変わってしまった。そのとき私は、年をわたるスケジュール管理をしていなかったので、翌年の通常のカレンダーにそのことを書き写さなかった。一月からは、そのプロジェクトのことは私の頭からまったく消え去っていた。他の重要な仕事に抹殺されていたのだ。結論から言うと、フランスの試作品は結局完成しなかった。それ以上に私にとって残念だったのは、年が変わってから、日本の大手企業へのときどきの連絡をまったく忘れてしまったことだ。たとえ、海外での試作がうまくいかなくても、もう少し別な動きができたはずだと、今でも思っている。私にとっては忘れがたい失敗のひとつだ。

第9章　成功へのステップ「情報に強くなる」

1　違いを知る

昔、「違いの分かる男」というコーヒーの宣伝があった。シニカルな人は、インスタント・コーヒーでそんな微妙な差を楽しむ人はいない、という。けれども違いを違いとしてしっかり認識することが大切だ。不思議なことに、世の中には、違いに気づかない人が大勢いる。

その人たちを見ていて気づいた点がいくつかある。まず物事をきちんと見ていない。目の前におきていることをすなおに見ようとしていない。いわゆる観察力がない。あるいは固定観念で物事をみてしまい、真実を見過ごしてしまう。

外資系企業では日本のお客様を米国の本社に案内することがよくある。一〇人ほどのお客様を会社の営業担当数人と一緒に一週間のツアーで案内した時のことだ。

本社への訪問を終えて、ニューヨーク市内を小型の貸切バスでまわっていた。車内から街を眺めていると、小雨が降ってきた。バスの外をみていた日本からのお客様の間で、こんな会話があった。「雨がふっているね」とある人が言ったら、その隣に座っている人が「もう雨は止んだ。傘を差している人が半分しかいないから」と応じた。そばにいた私が「米国人は雨がふっていても傘をささない人が多い」と説明したが納得していない様子だった。米国人は、特に男性は傘をあまり使わない。普段は車を使って移動することが多いからだ、と米国人から話をきいたことがある。男性の主人公が雨のなか、傘をささず、つばのある帽子をかぶり、コートの襟をたてて歩く、映画のシーンを覚えている人は多いだろう。

外資系企業で成功するためには、今の例で見たようなちょっとした違いを知り、そこから未来を読む情報の目利きになる必要がある。

2 未来を読む

これから何が起きていくのかを、今から予測するのは不可能に近い。しかし地道にその変化について注意深く気をつけていくことはできる。ごくありふれたことだが、新聞や雑誌を丁寧に読み、またトレンドについて書いてある記事は逃さないようにする。

マスコミはそういった変化を追うのが仕事だ。もちろん読者の目を引くために大げさに書いたりはするが、その中から大きな流れの変化を読み取っていく力をつけていくことが要求される。

特に新聞は毎日読むものであり、有効な情報源だ。新聞社によって得意な分野が異なる。これが現在はっきりしていない人はまず新聞社選びから始める。自分が興味をもっている分野と新聞の得意分野が一致しているかどうかは、そのような気持ちを持って一週間くらい読みつづけると誰にでも分かる。

次にその選んだ新聞のなかでどのページを特に注意して読んでいくかを決める。つまりある特定の新聞の特定のページに特別の注意を払って読みつづける。そうすれば、世の中のある部分で起きている変化とか、これからの動きなどを他の人よりは早めに感知できる。

世の中には違いに気づかない人が結構いる。違いに気づかない人の特徴のひとつに、ものを見る前に判断をしてしまい、しっかりと現実を見ていないことがある。思い込みが強かったり、偏見をもっていたりする。それでは、真実が見えない。違いに結局は気づかないでおわってしまう。

自分はこう見たいから、という視点ではいけない。

また頑固な人もいる。自分が今までやってきたことにこだわりがありすぎて、それ以外のことが起きているのも認めようとしない。この場合はその違いを認めたくないと思っているのだ。

自分には関係ない、と思って物事を見ていると、ほとんどがそれで済んでしまう。しかし、今目の前におきていることが、近い将来、自分の身にどう降りかかってくるかは分からない。

いつも何か変わったことがないかなとみる気持ちが大切だ。そういう気持ちでいると、今まで何気なく見逃してきたことで重要なことがあるのに気づくことがある。

私は長い間外資系企業で勤務し、産業財を日本市場に販売してきて、顧客である日本の会社には二種類あることに気づいた。ひとつは新しいことに挑戦する会社だ。液晶で世界をリードしている日本の会社などはその典型だ。そこでは新しい材料を紹介すると、技術陣が試しに使ってくれる。評価してよければ購買を交えての値段の交渉にすみやかに入ることができる。

それに対して歴史がある保守的な会社ではそうはいかない。まず購買部に窓口としての権力があり、材料の選定についても大いに影響力を持っている。営業が直接に技術担当者に連絡するのを極端に嫌う。会社を訪問したときも必ず購買部に挨拶をしてからやっと技術者と詳細な打ち合わせになる。新しく値段が安い材料を紹介すると購買部が乗り気になってくれる。しかし技術陣はどちらかといえば新しい材料には興味を示さない。なぜなら材料を変更すると、製造プロセスの一部を変更しなければならない。新たな技術的問題が生じるのを恐れているのだ。会社全体としてもチャレンジ精神に欠けている。

ここで私が問題にしているのは、日本企業が悪いということではない。日本企業の中でも、体質のまったく異なる企業があることに気づいていない営業マンがいることが問題なのだ。一方で有効だったやり方でもう一方を攻めても絶対に成功しない。私はかつてある営業マンに営業会議や合宿などで何度かその違いを指摘したが、彼は最後まで分からなかった。ついに彼は営業担当をはずされた。

二〇年くらい前になるが、窓際族という言葉がマスコミをにぎわしていた。日本経済新聞では昭和五三年の一月に記事として取り上げられていたのが初めてだ。その記事を読んで、その時何を感じたかで、その人のその後の姿が大きく変わってくる。給料を払うのは、何かしら会社に貢献しているからだ。そう考えると、窓際族は会社にとって大きな経済的負担になっていたことが分かる。企業に余裕があるうちはそういったことも可能だったが、理屈からいっておかしなことだ。窓際族を維持できなくなった企業がどういう行動をとるかは、ある程度想像できる。今まで終身雇用を信じてきた人にとって、突然の関連会社への出向命令はまったく予期でないことかもしれないが、二〇年まえから少なくとも心の準備をすることはできた。

世の中は、これからはもっとはやいスピードで変化していく。そのときに、今まで起きてきたことが繰り返されることは少ない。その違いに、早めに気づいて、自分を変えていくことが何よりも大切だ。またいつも変化に耐えられるように、自分自身が変化しつづけていく必要がある。

3 情報を上手に処理する

いろいろなことをするときに基礎になるのは情報である。まわりでトラブルがおきたときも、何がおきているのかを正確に知ることから、すべてが始まる。

不確かな話を信用してしまうことは世の中でよく見られる。まず何が起きているのかを正確に理解することだ。こういったときに起こりがちなのが情報の錯綜である。

何か事件がおきたときなどには、まずその事実を正しく理解しなければならない。そのためには情報の収集から始める。そのとき手元に集まる情報はいろいろなものが混在している。そのなかから、判断に必要なものだけを抜きだしていかなければならない。そのためには、それなりの能力が必要となる。

情報をたくさん収集している人間は世の中にたくさんいる。情報収集についての雑誌の特集記事を読むと、驚くことがある。情報収集の鬼ともいえる人が存在するからだ。情報を集めることが究極の目的になってしまっている。しかしこれでは困る。

情報を集めるのは、何かの目的があるはずだ。その目的をはっきりせずに集めても意味がない。その目的によって情報の集める種類や集め方が変わってくる。ビジネスプランを立てるための情報収集と、ある業界について調査するのとでは、まったく違ってくる。たとえばビジネスプランのための情報なら、まずそれがビジネスとして成り立つかどうかの情報がなくてはいけない。そういった機会が実際にあるのかどうかを調べる必要がある。

情報をため込んでいるだけでは意味がない。それを使いこなさなければ、宝の持ち腐れになってしまう。情報はあくまでも材料である。料理でいえば良い素材をいくらたくさん集めても、調理をきちんとできなければどうしようもない。料理の出来具合は、素材のよさと料理人の腕の組み合わせで決まる。

気をつけたい点は、情報にも賞味期限があることだ。そういうと、短絡的に「情報収集は公表されたときにすぐ集めなければならない」と考える人が出てくるかもしれないが、必ずしもそういう意味ではない。古い情報でも普遍的なものには賞味期限はない。

たとえば一八九六年にアテネで近代オリンピックが始まったというのは、変わらない。しかし発見や新たな気づきによるものは最新の情報を入手することが大切だ。むしろもっと気をつけたいことは、必要なときに、必要な情報が手元にあることだ。せっかくスクラップしてあっても、どこにあるのかを一日がかりでさがしているのでは困る。

情報を収集する際に気をつけなければならない点がいくつかある。その中でも特に日本人が苦手なことは、筋道をたてて進めることだ。途中まで進んだら、つい思い込みで結論に走ってしまうことがよくある。

さまざまな情報が手元に入ってきたときに、整理するためには紙にそれらをかきだすことだ。できればカードを用いればなおさら良い。なぜならカードにかいた情報はあとからお互いの関係を見ながら順序を変えることが簡単にできるからだ。その中から共通すること、あるいは矛盾していること、因果関係にあることなどと整理していくと混沌とした状態から、すっきりした形に整理できる。

また情報の書き方にも注意する。なるべく感情的な表現を避ける。たとえば「顧客から受けたクレームの処理が遅い」との苦情を受けたとする。その時に「顧客からのクレーム処理が遅れているのは由々しき問題だ」とは書いてはいけない。最初に書いたように事実のみを書きだすようにする。

また大きな問題なら、いくつかに分けて書きだす。会社で問題点をだしてもらうと「部内のコミュニケーションが悪い」というのが必ずといってよいほど出てくる。これではよく分からないので「会社の方針が部員まで伝わっていない」とか「部員の意見が課長のところで止まってしまい部長まで伝わらない」に分ける。こうすれば曖昧さがなくなり、問題を解決しようとするときに、より具体的に取り組める。

4 情報には種類がある

ＴＩ社に勤めているときに学んだもののなかに、「ニードゥ・トゥ・ノウ（Need to Know）」という言葉がある。同社は情報の取り扱いをたいへん重視していた。情報の機密レベルを決定するガイドラインが明確に決められており、「極秘情報」と「社内限」などと内容によって複数の段階に分類する。そういったことを説明する際に、悪い例として第二次大戦中の日本軍の情報の取り扱いがあげられている。それはほとんどすべての情報を「極秘」にしてしまったことだ。そうすると、情報を扱うひとは「極秘」に慣れてしまい、結局「本当の極秘」までぞんざいにあつかってしまう。そのせいで、米軍にほとんどの重要な情報がつつぬけになった。

「ニードゥ・トゥ・ノウ」とは、その情報がないと仕事を進めていくのに困る人だけに知らせることだ。興味本位での情報伝達を強くいましめる。

日本人はどちらかといえば情報に価値を認めない。物にはお金を払うが、サービスや情報など、目には直接見えないものにはお金を払いたがらない。外貨のレートやそのほかの財務情報を販売してビジネスにしている会社のほとんどが外資系企業だ。ニューヨーク市の市長を務めるブルームバーグ氏が興したブルームバーグ社は金融情報の販売で大きくなった。残念ながら日本にはこういった情報サービスでビジネスを成功させた会社は見当たらない。

当時の上司から、情報に関してもうひとつ大切なことを学んだ。自分にとって必要だと思う情報が入手できないのは、本人に問題がある。というのは、相手からみてその人は重要な人だと思われていないからだ。相手がそれなりの力をもち、手助けをしてくれることが分かっていれば、当然そのために必要な情報を伝える。その結果、力があり、一目置かれている人のところには、役に立つ話が次から次へと集まってくる。

実際、本来なくても困らない人に情報を伝えても何の役にもたたない。さらに悪いことには、役にたたないばかりでなく、余分なことを考えさせてしまうことさえある。

5　情報収集の基本は新聞読みから

新聞の重要性については前にも述べたが、情報源としてもっとも頻繁に使うのは新聞だ。手軽に入手できるのが大きな強みだ。定期購読の手続きをしておけば、毎日自宅にまで配達をしてくれる。

この毎日配達してくれるというのは重要な意味がある。継続して読むのは、情報収集の訓練を続けているのと同じことになる。読みつづけることで、情報に関する感受性を高めていくことが自然とできる。

新聞記者は情報収集の代理人だ。新聞記者にはそれぞれ担当分野があり、その専門分野についての最新情報を伝えてくれる。個人が自分の持つネットワークではとても集めきれない量と高い質の情報を提供してくれる。

新聞は、経済面を中心に政治面、社会面も丁寧に読むことが必要だ。そのとき常に、米国の大統領選でもイラクの国民会議でもすべての記事を自分の仕事に結びつけながら読んでいく。

そうはいっても新聞の全部を読むのは時間がかかりすぎる。ある計算によると、日本経済新聞の朝刊一日分には二五万字の文字が詰まっている。文庫本にすると四〇〇ページにもなる。これを隅から隅まで読むのは不可能だ。

ではどうするか。まず「見出し」とそれに続く「リード」といわれる本文の要旨をまとめた数行の文章を読めば十分である。なぜなら新聞記事では結論を最初にかくことが基本になっているからだ。さらに興味を持ったら本文を丁寧に読めばよい。

また自分なりのテーマを持って読むことが大切だ。目的意識を明確にもって、それに関する情報を得るために新聞を読むようにする。ただ漫然と読んでいるのでは得ることは少ない。

毎日、新聞を読んでいると気づくことがある。月曜の朝刊は経済関係の記事が比較的少なく、火曜日から土曜日に多く掲載される。多くの企業が土日を休日にしていることからもうなずける。その代わり、土日には特集や解説記事が多い。また別刷りが発行されている。たとえば日本経済新聞では「ＮＩＫＫＥＩプラス１」が、朝日新聞では「be on Saturday」が土曜日に配達される。ここでは「ニュースの裏側」を読むことができる。特集記事や解説記事により、世の中の仕組みやカラクリを理解することができる。

もうひとつ大切なことがある。人によっては「ヨコヨミ」とよんでいるが、複数の新聞を横に並べて読み比べることだ。同じテーマについて書いてある部分を比べてみる。新聞社によって同じものでもスタンスがかなり異なる。微妙に違うニュアンスで報道されることもある。ひとつの新聞だけでは、その新聞社の見方に偏ってしまう。そういった考え方に偏ったものの見方を自然に覚えてしまう危険性があるので注意したい。

コラム5 視点のセンス

「サラリーマンの妻は年金を払っていない」という年金にまつわる話題がある。それに比べて、「自営業の妻は自分の分を毎月払っている。従って自営業の妻はおおいに損をしている」、という意見がどうどうとまかり通っている。こういった記事をみて肩身の狭い思いをしているサラリーマンの奥さんは多いはずだ。こういった分野の専門家であるはずのファイナンシャル・プランナーまでが新聞にそういった記事を書いている。

これは間違った視点にもとづく議論だ。サラリーマンと自営業とでは、まったく別な仕組みで年金が運営されていることを理解していない。

大まかにいえば、サラリーマンは標準報酬月額のほぼ七パーセント弱を毎月払う。残りの半分は会社が負担する。たとえば平均給料の月額が四〇万円とすると、標準報酬月額は二三等級の四一万円となる。毎月給料から年金保険料として二万七八三九円が天引きされる。

この中から、結婚している場合は、奥さんの分も負担している。この数字は独身でも妻帯者でも同額だ。このとき、単身と妻帯者で差別をしていない。さらに共働きの場合は、仕事をしている奥さんも同じように年金を納める。ということは、共働きの女性と独身は同僚の奥さんの分まで払ってしまっていることになる。自営業の場合は収入に関係なく一律一万三三〇〇円だ。妻は第三号の分類で同額を負担するので、世帯として払う金額は二万六六〇〇円となる。

この数字だけをみても、サラリーマンの妻が年金保険料を払っていないのに、年金をもらえるのは不公平だとはいえない。さらに日本の現実を見ると、サラリーマンからの徴収率はほぼ一〇〇パーセントだ。払っていない人のほとんどは自営業が主である国民年金一号、第三号の分類に相当する人たちと、国会議員だ。その結果、自営業の部分の不足分を、最終的にはサラリーマンの年金部分から肩代わりしている。

むしろ年金の問題は、仕組みが複雑すぎて理解しづらいことだ。また、実際の運用面で工夫がまったくないことに問題がある。実態を正しく理解して、実のある議論をしなければ間違った方向にものごとが流れてしまう。

6 先約優先――情報は早めに伝える

誰しも「それを前もって教えてくれれば」と思うことはよくあるだろう。情報は、必要としている人になるべく早めに伝えることが大切だ。「情報は、早めに」は私の信条だ。

誰かに用事を頼もうとしているときなどは、特に早めに相手に伝えることが必要となる。そうしないと、他の用事で日程を埋めてしまうおそれがある。あなたもそのような経験を一度はしたことがあるだろう。

それに関係して、第7章の初めでも書いたが、私は基本的に、「先約優先」で進めていくことにしている。先に約束したことを実行する。約束したあとにどんなに魅力的な話がきても、それは受けない。不祝儀のときは、そうもいかないが、幸いにして今のところ不都合は起きていない。

中には二股かけてしまう人もいるが、それでは信用されない。まして、先約を反故にしてしまい、それがあとからばれてしまったら、目もあてられない。世の中、意外と狭いものだ。そういった話はすぐ伝わる。

だいぶ前の話だが、会社の同僚二人が他にも人を誘ってゴルフの約束をしていた。ところがそのうちの一人が前日になってキャンセルした。あとで理由が分かった。日本にきた、あのタイガー・ウッズのプレーを見られるチケットを取引先から入手したのだ。それを知った友人の怒りはたいへんなものだった。なぜ本当のことが分かってしまったかというと、タイガー・ウッズのプレーを見にいった人間が、興奮のあまり社内の友人にその様子を話してしまったからだが、こういうケースはざらにある。

これほどでなくても、先約優先のルールを生かせていない人を数多く見かける。中途半端に忙しい人に起こるようだ。せっかく前もって決めた日程があるにもかかわらず、他の用事がかち合うと、あまり考えもせずになんとなく、あとからの日程を受け入れてしまう。そうすると以前決めていた日程を他の日にずらすことになる。そのためにまたしても何人かと日程調整が必要になってくる。そのくせ本人は先に日程を決めた人たちに迷惑をかけていることには気づいていない。プロのビジネスマンとして絶対に避けるべきことである。

7 「三分」「三日」「三カ月」の考え方で情報の目利きに

外資系企業で成功するためには、情報の目利きになることが大切だ。そのためには情報の料理法をまず決める。どのような目的で情報を集めるかが重要になる。このときに先ほど紹介した「三分」「三日」「三カ月」の考え方が有効に使える。

まずあまり情報収集に時間をかけられないときには、「三分」という限られた時間内に何かを思いつくことから始める。このときには考える力が試される。その短い間に精神を集中して何かを考え抜くということをやらなければならない。こういった能力を身につけるのには「発想法」を勉強するとよい。有名なオズボーンのブレーン・ストーミングを独りでやるのが手始めとしてはよいだろう。練習では、まわりにあるものを取り上げてみる。たとえば「新聞紙の新しい使い方」を三分間考える。最低でも一〇個以上のアイデアが出て欲しい。

「三日」なら、簡単な情報収集の時間はある。能率よく順序立てながら作業を進めていく。「三カ月」はまとまった時間であり、まとまった情報収集ができる。情報の種類を増やすことができ、またある分野に絞れば深みのある作業ができる。

情報の目利きとは情報の違いが分かる人だ。どれが良い情報で、どれが悪いかを判断することができる人だ。

古美術の世界では贋物がほとんどだ。古美術商に入ったばかりの見習いを「目利き」にそだてるいちばん良い方法は本物だけを見せることだ。残念ながら、情報の世界では、本物の情報だけを選んで見せてくれる人をみつけるのはむずかしい。自分で数多くの情報に接していくしかない。いつも、これが本物かどうかの吟味をしつづけるしか手がない。そうしていくと、だんだん本物を見つける力が付いてくる。

情報の目利きになるのは、古美術品の目利きになるよりむずかしい。しかしやり方次第では確実に目利きになれる。情報の真偽を判断する最初の基準はその情報の出所だ。そういった良い情報源をみつけていくのは一種の調査技術だ。分析をしながらその情報を吟味していくことを続けると、その技術は高まる。

8 情報は本物の人物が持っている

情報のありかをとことん追い詰めていくと人にあたる。いずれにしてもよい情報を持っているのは一部の限られた人だ。そういった人が本物の人物といえる。本物の人物にめぐりあえた人は幸せだ。そういう人のそばにいると、楽しいだけでなく、多くのことを学ぶことができる。残念ながら、そういった人物に親しくしてもらえる機会はそう多くはない。でも、誰にでもそういった人物に会う機会はたくさんある。しかし、多くの場合、それに気づかずに見逃してしまっていることが多い。ではどのようにして本物をみつけることができるのだろうか。どちらが先かの議論になってしまうが、できるだけそういった人と会う機会をたくさん持つことだ。不思議なことに、そういった人物と会う機会が多いと、そうでない人を見分けるのが非常に簡単になる。

人と会う機会を増やすにはいくつかの方法がある。いちばん手っ取り早いのが異業種交流会にでることだ。インターネットで検索エンジン「グーグル」を用いて「異業種交流会」をキーワードでさがすと七万九〇〇〇件もある。実際にどれだけの異業種交流会が存在するのかは分からないが、たくさんあるのはまちがいない。しかしここで大切なことは、その中から自分にあった良いものをみつけだすことだ。これはそんなに簡単なことではない。知人を通じて紹介してもらうのもひとつの手だ。

以前私が勤めていた会社のヨーロッパ法人がコーヒーを扱っていた。イギリスの工場にはコーヒー・テイスターがいる。彼は一日に最低でも二〇〇種類のコーヒーを口にする。口にするといっても実際に飲むのではなく、口に含んでみるだけだ。そのようにして、コーヒーを飲み分ける能力を維持する。

人間の場合はさらに複雑だ。それは相手も私をみているからだ。こちらが相手の要求しているレベルに達していないと、向こうのほうが無視する。相手にそれなりのことを求めていくのなら、こちらもそれ相当の水準に届いていなければならない。そこが人間社会のおもしろいところだ。

第10章　成功へのステップ「失敗から学ぶ」

1　失敗をおそれず、チャレンジする

何か新しいことをやろうとする時に、私には能力がないからできないと言って、しり込みしてしまう人がいる。それも何も始めていない時点でそう判断してしまうのだ。

こんなにもったいない話はない。せっかくのチャンスが与えられているにもかかわらず、それをみすみす、しかも自分の意思で捨ててしまっている。

そういったことをみると、私はその人は贅沢な人だと思ってしまう。不幸なことに、世の中には、そういった機会が与えられない人のほうがたくさんいる。そう考えると、とても簡

単には諦められない。

最初から完璧に仕事をこなしてきた人はほとんどいない。なかには想像を絶するほど優秀で、挫折を一度も経験せずに生きてきた人がいるかもしれない。そういった人と私には縁がない。誰でも、まわりの人の助けや、指導を受けながら、精一杯努力して、難問に挑戦してきた。当然、失敗もしたはずだ。

私の友人でシステム屋がいる。彼はあるとき、もっと幅の広い範囲の仕事をするようにいわれた。外資系ではファッシリテート・マネジメントと呼ばれる施設管理をする部門だ。彼にとって初めての大仕事が事務所の引越しだった。今までと違って、庶務を担当する部下がついた。どこにでもあることだが、引越しが完了した翌日の出勤日はトラブルが発生する。いろいろと不具合が出てきて、手直しがどうしても必要となる。

しかし彼はそこで大きな失敗をしてしまった。休日に引越しがあり、庶務担当者が休日出勤をしたので、翌日には休みを取らせた。引越しのあとがたいへんになるということが彼には予想できなかった。

皆が会社に出てきた月曜日は、担当者が不在で混乱に輪をかけてしまった。

またさらに悪いことには、彼は部下の失敗を自分の失敗として真剣にとらえなかった。部下の失敗を、上司がかばうのは自部門を守るための常套手段だ。私は個人的に親しかったので、アドバイスしたのだが、ついに分かってもらえなかった。

数カ月後、彼の上司が外部から採用された。

友人はどうしたら良かったのだろうか。いくつかの点で問題がある。

まず責任についての考え方にズレがあった。組織の中ではポジションが上になるほど責任は重くなるという、この単純なことを理解していなかった。

さらに部下の仕事に上司が責任を持つ、という基本すら理解を欠いていた。だからまわりからは、彼は無責任だと思われた。

自分というものをまったく正しく理解していなかったのだ。孫子の兵法でいう「己を知る」ということが欠けていたのだ。

新しいことに挑戦するときには、計算されたリスクにもとづいて行動することが肝要だ。そして、万が一失敗したとしても、その原因をしっかり追究すればよい。その理由が分かれば、同じ失敗をくりかえすことはない。幸いにうまくいったら、そのときの種々の条件をしっかり記録にのこしておけば、次からはもっと簡単に同じことができる。

ただ新しいことに挑戦する際に、注意しておくべきことがある。それは会社であれば、社命をかけてプロジェクトに取り組んではいけない、ということだ。一〇〇パーセント確実なことはありえない。あくまでも許容されるリスクの範囲にとどめるべきだ。

大切なことは、失敗をしたことを悔やむよりは、失敗を二度としないようにしていくことだ。「失敗学」などと大げさなことを言わなくても、失敗から学ぶことは最も基本的なことだ。

初めてのことでも、まず第一歩を踏みだそうと、決心することが肝心だ。そして成功するためには何をしたらいいかをじっくり考える。経験がないからといって諦めることだけは、すぐにやめるべきだ。

2 失敗から学び、実績をつくる

失敗は何事にもついてまわる。おそらく一度も失敗をしたことがない人などいるはずがない。もちろん理想をいえば、一度も失敗をせずに何かをやり終えることができれば最高だ。残念ながら、それは現実的ではない。

よく目覚まし時計をセットしておきながら、予定していた時刻におきることができない人がいる。時計が故障しているわけではない。

大事なのは失敗したあと、どうするかだ。失敗を悔やんでも仕方がない。まず失敗したことをしっかりと現実として受け止めることからすべてが始まる。失敗したことを認めたくない気持ちがあるのは、ある意味で自然だが、それでは困る。どういうことが起こったのかを正確に把握する。

失敗には必ず原因がある。ひとつのこともあるだろうし、複数のことがらが絡まりあって、悪い結果をもたらしていることもある。その原因を究明する。このときに、なまじ価値判断をいれてしまうと事実を正確に見ることができない。虚心にかえり事実をしっかりと見つめて、原因究明につとめる。目覚まし時計の例でいうと、ブザーが鳴ったにもかかわらず、起き上がれなかったのにはいくつかの原因が考えられる。ここでは、時計が近くにあったので、すぐ手をのばして止めてしまったとする。

結果と原因の間に因果関係があるかどうかを判断するには、それなりの知識と経験が必要だ。これがその人の能力を示すバロメーターになる。ここをこのように改善すれば、結果が良くなると分かる人は能力のある人だ。

原因が分かれば、あとはそれに対して対策をうつだけだ。その際、中途半端な対策は何もしないより悪い。決めた対策はきちんとやる。そして二度と同じ失敗をしないように、必要ならば、何か特別な措置をとることもある。目覚まし時計なら、起きて時計を止めに行かなければならないように、ベッドから少し離れたところに置く。そうすれば寝ながら止めてしまうということはできない。

失敗という結果だけに目をむけずに、そういう事態におちいった理由をみつけて取り除いていくことが、二度と同じ失敗をしないための鉄則だ。

コラム6 仕事をつうじてあなたは何を学んだか

職場は学校ではない。しかし人は仕事をとおして学び、大きく成長することはできる。よく知られている「成長の方程式」では、

人の成長＝仕事＋研修＋勉強＋モデル

となる。ここでモデルといっているのは職場の先輩やそれ以外にもその人にとって模範となる人をさす。

この式の中で仕事の占める割合は高く、全体の九〇パーセントといわれる。

昔はむしろモデルによる部分が多かった。現在それなりの地位にある人の話をきくと、必ずといってよいほど非常に優秀な上司にめぐまれた、という。

その方々の話を聞くと、モデルになる人には共通点がある。モーレツ社員で、人情味があり、しかも先見の明があるなどだ。それにカリスマ性が必要となる。

しかしこれからはモデルの占める割合は減りこそすれ、増えることはないだろう。というのは、これからはもっと変化が激しい時代になるからだ。以前成功したパターンが今後も使えるとは予想しにくい。世の中の要求が大きく変わってきている。

仕事をやり遂げながら学んでいく。そのためには、まず何でもよいから与えられた仕事をきちんとこなす。こなすだけでなく、さらに工夫を加えてより良い仕事のやり方を考え実行する。このように従来にもまして、日常の仕事をつうじての成長が主なものになっていくだろう。常にやる気をもち、また「なぜ？」と考えつづけることで人は成長する。

最近私は海上自衛隊の練習航海に新聞記者が同乗した記事を読んだ。防大と一般大卒からなる幹部候補生一七五人が四隻にわかれて訓練を受けたそうだが、その航海の意義は「陸の動物を海の動物にする。その入り口です」と、司令官が語っている。広島・江田島を出港してもうじき一カ月になろうとしているころのことだ。候補生に厳しい視線をむけていた指導官が記者にいった。「もうだいぶ差がついています」(朝日新聞朝刊、二〇〇四年三月二一日)

PART 3

外資の社長になる

第11章　あなたが外資の社長になったら

これまで私は、外資系企業への入社を希望するあなたのためにその成功戦略と必須のノウハウを述べてきた。年功序列を重んじる日本企業と比較すると、個人の実力を重視する外資系企業では社長になれるチャンスも多い。そこでこの章では、念願かなって外資系企業の社長に就任することになったあなたのためにいくつかのアドバイスをしておこう。

1　社員の能力を正確に把握する

外資系企業にかぎらず新しい職場なり会社に入ったら、そこにいる社員の能力をすばやく、しかも正確につかむことはたいへん重要だ。なぜなら、もしあなたが社長としてその会社に採用されたとしても、顧客に毎日接して実際の仕事をやっていくのは社員だからだ。

部下である各自の能力を正確に、できるだけ早く把握して、その良さをいかせるようにしていくのはあなたの仕事だ。そのためには機会をつくって、何でもいいから話をする。その時できるだけ、いろいろなことを聞く。

たとえば、このごろ話題になっている年金について、「年金は君がもらえる年になったらどうなっているのだろうか」と聞いてみる。

「年金について考えたこともない」が普通の答えかもしれない。「年金制度について、詳しく教えてくれるところはないのですか」と逆に質問してくるのは好奇心が強い人だ。「年金はむずかしすぎて、本を読んでみたけれどまだよく分からない」は勉強家かもしれないが、一歩つめの甘い人かもしれない。「年金はあてにしていないので、株を買い始めた」と答えた人間はたぶん経済関係には強いだろう。

「年金ってなんですか」という予想もしない答えをした人間は、よほど常識がないのか、あるいは世の中をシニカルに見ているかのどちらかだろう。

このように、答え方やその内容からその人の能力や性格について、かなり分かる。また会議の席での発言などをしっかりと聞く。こういったことでその人の能力を推し測ることができる。

　また何か分からないことがあったときに、誰に尋ねたらよいのかを知ることも大切だ。できれば、その事柄について一番詳しく、また正確に的確に教えてくれる人を見つけるようにする。そういう人に物事を尋ねると、一発で必要なことを教えてもらえるだけでなく、こちらが期待していた以上のことまで教えてくれることがよくある。また、聞いても無駄な人が誰であるかを早めにつかむことも大切だ。

「二―六―二の法則」はどこの世界にも通用する。何人かが集まると、優秀な人はそのうちの二割しかいない。またダメな人も二割だ。半数以上の大多数の人、ここでは六割が、良くも悪くもない平均的な能力の人の集まりだ。できる二割が集団を引っ張っていき、続く六割が言われたことをそれなりにこなし、最後の二割は単なるお荷物になる。これは皆さんのまわりの人をみると容易に納得できるはずだ。

　私が日本法人の社長を務めていたときの直属の上司は、本社国際本部のイギリス人だった。彼は、私に「日本法人にはパッセンジャーはいないのか」と聞いてきた。「パッセンジャー」は普通「乗客」と訳すが、辞書を見ると「困り者、足手まとい」などの意味もある。成績が悪く、辞めて欲しい人がいないかと、聞いてきたのだ。そういう言葉があるということは、どこの世界でも同じような問題を抱えているということだ。

以前私が勤務していた会社に技術に非常にくわしい人がいた。彼は以前、技術部長を務めていたのだが、その時はあまり評判がよくなかった。部をまとめていくという意味では優秀な部長でなかった。しかし、機械を扱わせたら非常に優秀だ。長年その分野に携わっている技術者が直せないような故障でも彼なら必ず直す。だから機械に関する問題が生じたら私は必ず彼に聞くことにしていた。彼にとって不幸だったのは、そんなに得意ではない組織をまとめる仕事をやらざるをえなかったことだ。もっと技術に専念できるようにと、彼の能力を生かせるような組織を新たにつくった。今でも私は彼がその分野では日本一の技術者だと思っている。

仕事以外にもそういった役に立つ情報を持った人を知っていることは必要だ。米国に就職した時に人事部長のデービッドからは、妻専用の二台目を買う際には「日本車を買わないように」というアドバイスをもらった。当時は日本の自動車の人気が非常に高く、コンパクトカーといわれる小型車のランキングでは日本車がいつも上位を占めていた。私は通勤用に日本車のスバルを買っていたので、そんなアドバイスをしてくれた。歴史のある米国の会社に勤めている日本人のマネージャーが日本車を二台持って、まわりの米国人に挑戦的に映ってはいけないとのことだ。結局、妻にはフォードの小型車を買った。

2 本社への出張は積極的に行く①

もしも、あなたが日本法人の社長として採用されるのなら、入社試験として米国本社での面接が組み込まれる。あるいは社長候補として採用される場合も同じだ。そうでないときは、何かおかしいと感じたほうがよい。

ここで、外資系企業での採用の仕組みを簡単に説明する。日本の会社とは大きく異なる。まず人事部の役割についてである。外資では人事部が採用の最終決定権限を持っていない。採用を決めるのは、あなたの上司になる人、あるいはあなたを採用する部門だ。これをライン・コントロールと呼ぶ。実際に仕事をする部署が責任を持って採用する。このとき、人事部の役割はスクリーニングと呼んでいる面接前のふるい落としと、採用決定後の事務的な手続きにかかわることだ。人事部の主要な仕事は、人事制度の改革などの仕組みに関することだ。

米国の大学院でマネジメントを勉強し、卒業後、米国で就職した私が経験した米国本社での面接はこんな様子だ。大学のある町から、採用試験のある会社までは飛行機を乗り継いで、およそ四時間だった。面接日の前日夕方七時ころに会社近くの空港に着いた。そこには人事部長が迎えに来てくれていた。田舎の空港で、小さな飛行機の乗客で日本人は私だけだった。すぐに私に声をかけてきた。ちなみに米国のレジュメ（日本の履歴書に相当）には写真を貼らない。

その夜は、人事部長との夕食だ。そのあと食事中に渡された書類を夜中までかかって記入した。翌日は、採用されたときには、直属の上司になるという国際部門ＶＰとの朝食から面接が始まる。朝七時からだ。その後は、会社に移り、ほぼ一時間ごとにいろいろな部署の責任者のところをまわる。昼食も含めて全部で七人との面接だ。途中一時間ほどあった一人のボードメンバー（日本企業での役員）を除いては、全員が同じ評価用の用紙を持っていた。

終わったのが午後四時半だ。その日は最終の飛行機で移動し、自宅に着いたのは夜中の一二時近くになっていた。

帰りの飛行機の中で一日を振り返ってみた。「合格をもらえるな」という感触がした。なぜなら、昼食を一緒にした製造部門の責任者は昼食後、近くにある大きなスーパーマーケットにまで案内してくれたりしたからだ。ここで日常必要なものが買えるとのことだが、私はOKのシグナルをもらったと感じた。

採用の通知は人事部からだが、待遇等の実質的な内容は上司になるVPとの話し合いだ。いずれにしても、採用決定前に本社を訪問することは、大切だ。社風を肌で感じることができる。そこで働いている人にあったりすることで、自分との相性もチェックできる。会社の所在している町の様子を実際に見ることも必要だ。採用されたら、将来そこに住む可能性もあるからだ。

3 本社への出張は積極的に行く②

入社してからも、本社への出張の機会があったら是非行くべきだ。不思議なことに、本社からの出張要請を断ったことをいかにも武勇伝のように話す人が世の中にいる。どんなに頑張っても、日本法人は本社から見たら、ひとつの出先機関でしかない。それ以上に日本法人は、本社の傘のもとで庇護されて成り立っているという事実をしっかり認識すべきだ。

本社に出張すると、会社に関することで質の高い情報に触れることができる。日本にいてはなかなか得ることのできない生の動きを知る。

私がたまたま米本社に出張しているときに、会社上層部による不祥事が発覚した。米国ではコンベンションといって、取引先を呼んでの大規模な集まりを年に一ないし二回開催する。このときには顧客を担当している営業も出席する。大きな会議場と数箇所のホテルをほとんど貸切りの状態で一社が使う。パーティーや野外での活動などを含めると一回にかかる費用は莫大だ。その行事を取りまとめていた担当者が、業者からのペイバックを自分のものにしていた。担当者といっても巨額なお金が動くから、通常は副社長クラスが責任者になる。一〇年以上にわたってのことだった。そういったときに本社に出張していたので、正確な情報を手に入れることができた。と同時にその処分を目の前でみて、会社の体質などもより正確に理解できる。

日本の会社に勤務していて海外に出張するのと、外資系で日本法人の社長が本社に出張するのではスケジュールの組み方に大きな違いがある。外資系では何か大きな会議、たとえばクォータリーレビューがあればその日程については確定しているが、残りは自分で組む。本来の会議の前後に、数日を加えて本社のトップや関連部署の人間と会ってくるのが時間の有効な使い方だ。

本社にいる経営者の中でも、一番親しいとか仕事のうえで常にコンタクトしている人の秘書に頼む。外資では、特に本社トップの秘書と仲良くするのは大切なことだ。クリスマス・カードを秘書に送るのは当然だが、年に一度くらいは日本から東洋的なお土産を持っていくようにしていた。デパートや空港のオリエンタル・コーナーで売っている扇子やカレンダー、あるいは表紙が浮世絵のアドレス帳などだ。

本社の秘書に頼んで、こちらの希望を前もって伝えておき、スケジュールを調整してもらう。日本を出る前に、なるべくたくさんの人たちとのアポイントを取るようにする。そういった人は忙しくてなかなか時間をとりにくいが、いろいろ手を尽くす。この訪問が二度目以降だったら、実は前回の訪問によって会える確率は決まっている。こちらから、相手が欲しがっているような情報を提供できたかどうかによる。以前それなりのものを伝えていたら、きっとまた何かがあると思って無理してでも時間をつくってくれる。

こちらから提供できる情報にはいくつかある。たとえば、日本市場での競合他社の動きとか、日本のマーケットで起きていることで、これからのビジネスに大きな影響を及ぼしそうなことなど、たくさんある。これらは企業がおかれている業界によって、いろいろと変わってくる。そういったものをお土産として持参しながら、本社から大いに学ぶ。

米国本社には四六時中、世界中から多量に高い質の情報が集まってくる。これに直接触れることができるのは、外資系企業に勤め、本社を訪問できる限られた人間の特権だ。生の情報ほどワクワクするものはない。

4 米国人のだす提案はひとつではない

部下の米国人が提案書を提出してきたらあなたはどうするか。それを丁寧に読んで、その結論が納得のいくものなら、実行するのか、しないのか？

実は、その前にすべきことがある。それは他に選択肢がないかを本人に聞くことである。

一般に米国人が用意する提案書には、他との比較、たとえば他社製品との比較検討などは書いてない。その提案がいかに良いものであるかを詳しく説明しているだけだ。なぜならそういった比較をしたりして、判断するのは上司であるあなたの仕事だからだ。

米国人にとっては、できるだけ考え抜いた説得力のある提案書をかくのが使命だ。第二、第三の案について調べたり考えたりして、最終的に判断するのは上司の仕事である。

米国人が、提案書を用意するときには、常にいくつかの選択肢から選ぶ。というのは、マネージャークラスの人間はそういった訓練を常日頃から受けているからだ。新製品開発を例にとってみる。彼らはまず、考えられる選択肢をたくさん書きだす。そのとき、質にはまったくこだわらない。できるだけたくさん出すことにつとめる。

選択肢が出揃ったら、判断基準を決め、候補を絞り込む。このとき通常は二段に分けて考える。まず、それらの案が会社の基本方針に合っているかどうかだ。たとえば造船会社が、清涼飲料水の開発に乗りだすことの是非を問い、次に事業として成り立つのかどうかのいわゆる収益予想の計算などをして、ふるい落としていく。

ここで日本人との違いは、複数の選択肢をかならず持っており、第二、第三くらいまでの案については、ある程度の検討をすでにし終えている点だ。そうしないと本当に自信を持って提案書を書くことはできない。彼らはプロフェッショナル意識が非常に強く、複数の選択肢から最もよいものを提案書として書き上げたことに誇りを持っている。彼らに次善の案を聞くと、ほとんど間違いなくその検討結果について、嬉々と説明してくれる。もし米国人でそういった用意をしていないなら、その人の能力を疑ったほうがよい。

ところが日本人に同じようなことをしたらどうなるだろうか。私の経験では、本人が用意してくれた提案以外に第二、第三の案があるかと尋ねるのは相手のプライドを損ねるだけで、何も出てこない可能性が高い。

5 外資系企業の人事考課

米国人と話をしたことがある人は気づくが、彼らは非常に褒め上手だ。ほんのささいなことでも大げさに褒めてくれる。そばで聞いていて恥ずかしくなるくらいオーバーに褒めまくる。このやり方は会社での個人業績評価のときにも上手に反映されている。

米国の会社では、個人の考課は四半期ごとにおこなう。上司と一対一で三〇分から一時間ほどかける。上司が前もって記入しておいた考課表を目の前に広げながら話し合いを進める。その書いた内容を一つひとつ丁寧に本人に説明し、納得してもらえたら、本人から署名をもらう。

もし本人が署名をしなかったら、署名なしで評価者の上司に送られる。そうなると、その上司は評価者が正しいのか、署名を拒否した人が正しいのかを判断しなければならない。通常は、評価者の上司と署名拒否者が一対一で面談をする。ここでは二つのチェックをしている。評価者と評価される者についてである。最終的には、納得し異存がないことを確認して署名をする。

ここでは日本的な「なあなあ」の入る余地は比較的少ない。この結果をもとに給料の改定やボーナスの支給金額が決定される。

このとき使われる評価用の様式はどの会社でも同じようなものだ。まず本人の良い点、やり遂げたこと、特筆すべき業績など前向きの評価項目が最初にくる。最後に、改善すべき点についての記述がある。

最初に褒めておく。後半で、さらに能力を伸ばしていくにはこういったことをしたり、この部分を直したりしていかなければならない、と本音を伝えていく。このような手順で話し合いをしていくと、より納得してもらいやすいとの考えにもとづいて用意されている。自分の意見をスムーズに納得してもらうためのテクニックのひとつだ。

こういった透明性が保たれているので、上司がどのように自分を評価してくれているかを知ることは容易だ。

洋の東西を問わず会社に魅力を感じなくなる理由に、評価が正しくされていない点をあげる人は多い。また仕事に対する評価が給料やボーナスに適切に反映していないことを不満に感じる人もいる。評価や給料は、仕事のレベルに直接関係していると考えるのが普通である。あなたが外資系企業の社長になったら正しい人事考課を心がけよう。

6 トラブルに前向きに取り組む

毎日仕事をしていると、必ずといってよいほどトラブルにあう。トラブルがあるのは、何かが進行している証拠だ。

たとえば、あるメーカーが顧客に新しい画期的な材料を提供しようとしているとする。実際に客先の工場で使い始める前に、やらなければならないことがたくさんある。その材料について実験したり、工場で試しに使ったりする。今までのものと違うものを使うので、分からない点が出てくる。あるいは、それまで問題なくつくれていたものが、不良品ばかりになってしまうことがある。

そうなると、顧客に呼ばれて、技術の打ち合わせを何回か繰り返すことになる。そのようにして、問題を解決していく。

ところが、材料を提供したにもかかわらず、顧客のところで何もせずにほったらかしにされていたらどうなるだろうか。これについての問い合わせもなく、平穏無事に時間が過ぎていく。これでは困る。

つまりトラブルが生じるということは、何かが進んでいるのだ。だからそのトラブルには積極的に取り組むことが大切だ。トラブルから逃げないことが必要である。そのように理解すると前向きに対処するようになる。同じことについて取り組むのに、前向きに立ち向かうのと、そうでないのとでは、結果に大きな差がでる。

またトラブルには人間に関するものもある。どのような職場にも一人ぐらいはいわゆるトラブルメーカーがいる。そういった人とはどのように対処していったらよいのだろうか。トラブルといってもいろいろ考えられるが、よく遅刻する人間を取り上げてみる。理由はさまざまだろう。前の晩、お酒を飲みすぎて朝起きることができなかったり、なんとなく夜更かししてしまい朝寝坊してしまったりなどだ。いずれにしてもこのようなことを頻繁にする人は自立していない。誰かに頼っていたいという気持ちが非常に強い。

まず遅刻が多いという事実をきちんと伝える。次にそのことがまわりに及ぼす影響を説明する。仕事は個人だけでするものではなく、グループですることを理解させる。朝一番で会議を持って、決定したり、連絡したりするのに、一人でも欠けていては都合が悪いことを納得してもらう。大人に向かって、情けないことだが、その人を教育してあげることが必要だ。間違いなくその人は誰かに助けをもとめている。本人が意識しているかどうかは別にしても。

第12章　世界で通用するビジネスマンになるための一〇カ条

1　「なぜ」と問いかけ、「何か」に気づく

戦後六〇年近くが経とうとしている。ここ数年にわたり、過去数十年分を大きく越える大きな変化が起きている。そのように労働環境が大きく変化しているときに、あなたはどのように生きていけばよいのだろうか。いくつか気をつけなければならない点がある。

まず、「いつも何かを感じている」ようにしたい。別な言い方をすれば、何かをするときに、なぜそうするのか、答えられるかである。普段毎日のように使っている通勤経路は、なぜこれでなくてはいけないのだろうか。別のルートより、今のほうがよいと思うのはどうし

てだろうか。

「なぜ」に答えられないのは、ただボンヤリと生きている証拠だ。

問いかけると、問題がみつかる。

「なぜ」と問いかけると、必ず「何か」に気づく。その「気づき」をつなげていくと意識がより深いものになっていく。

その「なぜ」という問いかけを中止したのが「思考停止」の状態だ。

なにげない普段の動作の中にも、その人の人生観が反映している。いつもしているという理由で、他のことに挑戦しないのは、どちらかといえば、現状に満足しきっていることだ。

いつも何かを感じとろうとしたら、当然、以前とは違ったことにも挑戦してみようと思うようになるはずだ。簡単なところから始めればよい。まず通勤経路を少しばかり変更してみよう。いつもとは違った風景や、場合によっては違う乗客に出会い、今までとはまったく違う何かを感じるはずだ。

あるいは、お昼の食堂をいつもと違うところで探してみるのもよい。今まで、会社から五分以内ですましていたならば、あと五分よけいに歩いて探してみたらどうだろうか。そこまでいく途中で、珍しいお店に出合ったり、きれいな小公園をみつけたりする。思いのほか、安くておいしい食堂をみつけることもできるかもしれない。

2 現在にとらわれず、一歩先を見る

勉強しつづけることは大切である。

それ以上に重要なことは何を学ぶかである。

四〇年以上前の週刊誌の裏表紙に載っていた広告を、私は今でもしっかりと覚えている。それは、時計の修理技術や、ラジオやテレビの修理技術の通信教育についてであった。今となっては、この技術は骨董品的な価値はあっても、使い道のないものだ。

時計の技術が機械から電子に変わったのを実感したのは日本ＴＩ社に転職したときだ。論理ＩＣの勉強で時計のブロック図をならったことを、今でも鮮明に覚えている。二〇年以上も前のことだ。セイコーが世界初のクオーツ腕時計を発売したのがその一〇年前だった。

先日、あるＪＲの駅近くでテレビを修理している店を見かけた。店主と思われる人は七〇

歳前後だ。店先においてあるテレビは旧型のものばかりだった。そういった古いものがおいてある以上に、私は、今でもその修理ができる人がいることに驚いた。液晶やプラズマTVが主流になってきており、数年後には、もうそのような光景を見ることはないだろう。

これからの世の中がどうなっていくのだろうかを一生懸命考えることがまず大切だ。もちろん考えたからといって、先のことを正確に予測することは無理かもしれない。しかし、これからどうなっていくのだろうかに気をくばっていると大きな転機には早めに気づく。

そのとき注意しなければならないことは、現在の流行にとらわれすぎずに先をみるようにすることだ。数年前には、ドラッグ・ストアの新規開店がさかんで、薬剤師の需要が非常に大きくなったが、それにつられて、薬科大学に入学するのは決して正しい判断ではなかった。しかし、長い目でみて、製薬業界の発展が期待できる他の理由があるのなら話は別だ。

自分の強みや弱みをしっかり把握することは大切だ。弱みはできるだけなくす方向で努力し、強みについては、有効にいかしていくことをいつも心にとめておく。そうすると何を勉強したらよいかが、おぼろげながらも見えてくるはずだ。そういうふうにしてみつけた分野に全力を集中する。決めたあとでも変化は起こることを忘れていけない。予測したとおりに世の中が変化していくとは限らない。ときどきは修正をくわえていくことになる。

3 顧客の名前をすぐ覚える

今でもそういったルールがあるかどうか分からないが、以前はＴＩ社では工場の大きさに制限があった。ひとつの工場の従業員数を五〇〇人に抑えることだ。

理由は工場の責任者つまり工場長にとって、従業員の顔と名前が一致して覚えられる限度が五〇〇人と考えていたからだ。これは世界中に適用するルールだ。このように相手の名前をしっかり覚えることは仕事を円滑に進めていくには大切だ。

新しい会社に入ったら、なるべく早く顧客の名前をしっかり覚えるように努力する。顧客の中でもいろいろな人がいる。その会社の窓口になっている人と、その会社の責任者をまず覚える。ここでの責任者とは、小さな会社では当然社長だが、大会社では取引をしている部門の長であることが多い。ここでは責任者とは、取引する際に、最終決定を下す人のことだ。

窓口の人については当然としても、責任者の名前を覚えておくのは意味がある。商談の最中に、その責任者の言った言葉がどこかで引用されたら、その内容が現時点での顧客の決定事項だ。そういった情報を参考に今後の商談の進め方を考えていけばよい。マーケティングでは、特に米国の企業では、デシジョン・メーカーと呼んで、最終決定をする人が誰であるかを探し求めるのに力を入れる。

大手の企業が相手では、普通部長以上は紳士録に名前が載っている。そういった情報を前もって仕入れておくのは、どこかで役に立つことがある。特にその方がお酒が好きで、かつ少しグルメを自称している場合には、意外な方法で情報を手に入れることができる。

インターネットでその人の名前で検索してみる。必ずしもその方が有名である必要はない。実際に私が経験したことだ。その方が住んでいるのが湘南の藤沢近辺だと聞いていた。検索をしたら、藤沢駅近くの飲み屋さんのご主人が開いているホームページにその方と同じ名前のお客さまのことが書いてあった。よく見られる日記風の文章だ。常連らしくちょっとしたエピソードをそこで知った。さらに丁寧に読んでいくと「某社の某さん」とあり、間違いない。その後商談でお会いしたときにそのお店の名前をだしてみたところ、話が盛り上がった。そのあとの商談の結果は、言うまでもない。
ビジネスであっても、それを動かしているのは人間だということを忘れてはいけない。

4 まわりの人とうまくやっていく

よく、たいしたことでないにもかかわらず、些細なことでイライラしてしまう人に出会うことがある。古い言葉でいえば「マッチ・ポンプ」のたぐいだ。自分で火をつけてしまい、大騒ぎして、あわててポンプで水をかけて消す人のことだ。

昔、私が米国で勤務していたときにストレス・マネジメントの講座を受けた。いかにストレスと上手につきあうかを教えてくれるとの謳い文句に惹かれて受講した。二日間のコースだった。その時習ったことの多くは忘れてしまったが、今でも覚えていることがある。それは、すこしでもトラブルにあったときなどに、かっとしてしまうと、あとはそれが時間とともに増幅してしまうことだ。あとになって、これを「ハウリング」と呼んでいる人がいることを知った。マイクをスピーカーの近くに持っていくと金切り声のような甲高い音が発生することを「ハウリング」という。最初は小さかった音でも、中で何回も増幅し続けると最後は大きな耳障りな音に変化する。

だから、些細なことで、すぐに、かっとしないことをまず学ぶ必要がある。いやなことがあっても気にせずに軽く聞き流せるようにする。もし間違って、一歩踏みだしてしまっても、それに気づいたら、その時点で、そこから後ろに戻ればよい。

自分をきちんとコントロールできない人は、他人から見ると非常に惨めにうつる。しかし、もっと大切なことがある。他人にどう映るかよりも、本人にとって、どういう悪影響があるかだ。イライラしてしまうと、普段何の問題もなくやってきたことでも、ついミスを犯してしまう。他人のせいで、ポカミスをしてしまっても誰も同情してくれない。ミスを犯した人が悪い。

そうはいっても、感じたストレスを、意図的に相手に伝えることも時には必要だ。これは少しばかり高級なテクニックかもしれないが、こうすることで鈍感な相手に強いメッセージを送ることができる。

5 自分の考えに共感してもらう

一人で大きなことを達成するのは至難のわざだ。会社でみんなと仕事をしていたときには気がつかなかったが、独立してしみじみ感じる。会社というのは思ったより効率がよい。私が会社に勤務しているときは、会議などに時間を取られることが多く、なんと能率の悪い仕事のやり方をしているのだろうと思ったことがたびたびだった。

実際に独立したら、自分一人で生産性を高めるのがたいへんだと気づいた。それなりのことを成し遂げるには、まわりの人の協力を得なければやっていけない。1＋1＝3という公式はどうも本物のようだと、今になって納得している。

そのためには、自分のやろうとすることに納得し、共感してもらわなければならない。自分の考えていることを仲間に伝えて、まず理解してもらう。

理解してもらうだけでなく、共感してもらわなければならない。共感までいくと、ある意味では自分の分身ができたようなものだ。あまり詳しく説明しなくても、こちらの意図が正確に伝わって、行動してもらえるようになる。そうなると、自分が数人いるのと同じことになる。

そのレベルに達するために欠かせないことがある。自分をよく知ってもらうことだ。まず自分を相手にすなおに見せることから始まる。もっと厳密にいうと、自分をより正確に理解することから始まる。そして、その自分を包み隠さず相手にみせると、相手はもしかしたら、自分が気づいていない点まで理解してくれるかもしれない。そうなれば、いつでも共感してもらえる。

6 メッセージを上手に伝える

自分の考えを相手に伝えるのにはいくつかの方法がある。話したり、書いたり、などだ。そのなかで、いちばん手っ取り早いのは話をすることだ。

そのときに、相手をしっかり理解しておくことが大切だ。話の受け手を正しく理解しておくことだ。その人が今、何に困っているのか、一番の関心事は何かなどについてである。そして相手の欲している情報を、タイミングよく伝えることができれば最高だ。

「エレベーターピッチ」という言葉がある。エレベーターにのっている間に、起業家が投資家を説得して資金の援助をもらえるようにすることだ。エレベーターにのっている時間といえば、せいぜい一ないし二分間である。たった二分間で自分を上手に売り込み、そして資金投資の商談をまとめる。米国で盛んな起業家の卵を対象にしたセミナーでは必ずこのセッションがある。このエレベーターピッチの練習が大切なのは、同時に自分がやりたいことを整理するのに役立つからだ。いつ起こるかも分からない、そういった偶然のために前もって考え方をまとめておく。そんなに重要なことなら、いつも考えているべきなのだ。

たとえば私がある事業を起こそうとしているとする。アイデアはよいのだが、資金がない。そのときにはエンジェルと呼ばれる投資家を探さなければならない。エレベーターのなかで偶然にもベンチャーキャピタルの責任者に会った。挨拶もそこそこに、自分があたためてきた事業の内容を説明しなければならない。そのときには、いかにその事業に将来性があり、大きな利益が得られるかをすばやくしかも説得力をもって話す。

そのような限られた時間内で目的を達成するには、要領よく、かつ大事な点をもらさずに伝えることが最大のポイントだ。そのためには、余分なものを消し去らなければならない。あれもこれもと知っている情報を入れたくなるのが人情だが、その気持ちに流されてはいけない。まして時間はわずか二分だ。ともかく相手が欲しがっている内容をシンプルに伝えることが肝要だ。

もうひとつ大切なことがある。それは話し方だ。

昔、福田赳夫という首相がいた。おそらく三〇年近く前のことだが、彼の街頭演説を偶然耳にしたことがある。神田の古本屋街を歩いていたときのことだ。地元の国会議員候補の応援演説にきていた。話の内容はまったく覚えていないが、話し方がずばぬけて上手だったということだけは今でも記憶している。当時福田氏は自民党の副総裁だったが、政治音痴の私でさえ、将来きっと首相になるだろうと直感させるものがあった。

7 タイミングが内容より大切

相手に何かを知らせるときに、タイミングが鍵となる。伝える内容よりもタイミングのほうが大切なことが多い。

折角のよい話であるにもかかわらず、あまりにも早めに知らせてしまって、無視されることはよくあることだ。その人にとって、聞いた瞬間にひらめくものがないと、すぐ忘れてしまうだろう。忘れてしまう以前に、理解しようと努力すらしてもらえない。聞く準備がこころのなかでできていないときに聞かされるのは、どちらかといえば迷惑だ。

逆に遅すぎるのは、別な問題をおこす。教えてあげたにもかかわらず、むしろ聞き手からうらまれるおそれもある。「なぜ早めに知らせてくれなかった」と。それならば、まったく話を伝えないほうがよいくらいだ。

こころの準備とまではいわないが、聞いた瞬間に、耳にのこるためには、聞き手が必要と感じていることが必要だ。

ではどのようにしたらタイミングよく相手に伝えることができるのだろうか。まず受け手を観察するところから始める。その人がどんな情報をいつごろ必要としているかは、よく見ていると分かることが多い。と同時にその人の考えかたや行動のパターンを把握しているとなおさらよい。たとえば忙しい人に電話をするときでも、その人のスケジュールの大まかなところを分かっていると都合がよい。毎週月曜日に始業と同時に会議を開催している人に、その時刻に電話をしてもつながらない。

　道端で地図をひろげている外国人を見かけたときに、あなたは声をかけてあげますか？私はいつも悩んでしまう。もしその人が道に迷っているのならきっと喜ばれる。そうではなく、そのあたりの地形を詳しく調べているのなら、単なるおせっかいとなる。その人が本当にその情報を求めているときに、さっと渡すことができれば最高だ。

8 自分の能力を知り、納期を守る

　自分の仕事のスピードを正しく把握しておくことは大切だ。通常、仕事はいくつかのことを、上手に切り替えながら、時間をやりくりしていく。そのときに、前もってどのくらいの時間がかかるかを計算する。このとき「三分」をベースに考えるとよい。たとえば歩く距離だと、私の場合は三分間で三〇〇メートルとなる。文章を書く早さでは六〇〇字だ。

　現在おこなっているコンサルタントとしての仕事についていえば、今までやってきたことの延長上にある分野と、自分にとってどちらかといえば新しい分野では、準備期間において数倍の開きがある。そういったことを正確に分かっていると、現在の状態が正しく把握できる。もうすでに、能力の限界ぎりぎりまで、仕事が埋まっているのか、あるいはまだまだ余裕があるのかなどだ。

さもないと、今でも十分忙しいのに、新しく締め切りに間に合いそうもない仕事を受けてしまう恐れがある。それでも、頑張ってなんとかやり切れればよいのだが、そのときには多分他の仕事を犠牲にしてしまっていることが多いはずだ。

また多くの仕事を受けすぎてしまうと、仕事をこなすことに比重がかかりすぎて、仕事の質を落としてしまうことがある。それでは、出てきた結果は期待以下のものになる。

私の古くからの友人でこういったことが苦手な人がいる。彼は人間が良すぎて、人から頼まれると断れない。そばで見ていても、十分遅くまで頑張っており、これ以上仕事を請けられないと思う。それにもかかわらず、彼は引き受ける。でも結局は時間通りに終えることができない。そうなると、まわりの人に迷惑をかけてしまう。私は彼の思考構造を理解できない。

特に他のメンバーと協力して仕事を進めていくときには、他の人に迷惑をかけないためにも期限を守ることが必要だ。この期限を守ることの厳しさについては、米国の大学院で、マネジメントを勉強したときに痛感した。提出レポートの締め切りは、日だけでなく時刻まで示される。そして、時間がすぎると一切そのレポートは受けつけてもらえない。学期が始まってすぐのレポート提出の際に、米国人の学生が教授に締め切りの厳しさに不平を言っている場面に居合わせた。教授の言った言葉が今でも耳に残っている。「ビジネスでの入札を考えてみよう。どんなに魅力的な値段であっても、その入札に間に合わなければ失格です」

質を落さずに、きちんと決められた期日までに仕事をおわらせることを続けていくと、二つの良いことが起きる。まずまわりの人から、あるいは上司からの信頼を得る。「あの人に任せておけば、仕事はうまくいく」と誰もが思うようになれば最高だ。次にもっと大切なことだが、達成感を満喫することができる。それが自信につながる。さらにひとつの仕事を成し終えると、必ずといってよいほど、次におこなう改善点に気づくはずだ。これを繰り返していくと、ますます仕事のやり方が磨かれていく。

9 自分のスピードとリズムを大切にする

仕事に限らず、遊びでもスピードとリズムが大切だ。たとえばスポーツをとってみよう。私は北海道生まれで、スキーが得意だ。スキーで一番大切なことはリズムだ。パラレルという大回りのターンをしている人を見ているとよく分かるが、上手な人はひとつのリズムに乗っている。それにくらべて初心者が滑っているのをみると、まったくリズムを感じない。リズムにのってくると、スピードがついても安定する。

仕事をしている場合でも同じことが言える。ただ仕事をしているときは、まわりの人にはそのリズム感などは伝わらない。しかし、仕事をしている本人は、それを感じている。もし分からない人がいるとしたら、たぶんそういったことを意識せずに来たのだ。

仕事にメリハリをつけることはリズムを整えるのに役立つ。ときにはなかなか仕事に乗れないことがあると思う。そのときに、いかに自分を上手におだてて、リズムの波にのせていくかが、仕事の能率を高める秘訣だ。

そのときスピードがあればなおさらリズムに乗りやすくなる。音楽でそれと似たような経験をしていると思う。どちらかといえばテンポが早い音楽のほうが、遅いのに比べると、リズムを取りやすい。

ここで気をつけたいのは「スピード感を感ずる」のと、「せっかち」とは違うということだ。「せっかち」とはリズムをまったく伴わないもので、ただ先を急ぎ、心ここにあらずという感じだ。これに比べて「スピード感」はその瞬間をきちんとこなしながら急いでいるのだ。たとえばファストフード店で注文したあとで、一生懸命手早く用意している店員には「スピード感」を感じる。エレベーターに乗るとすぐに「閉」のボタンを押し、扉が閉まるまで押しつづけるのが「せっかち」だ。せっかちなのは、どちらかと言えば、そばで見ていても、落ち着かない。

「せっかちと見えて濡れてくにわか雨」という言葉がある。それに比べてスピード感のある仕事のやり方は、リズム感もあり、実のあるものとなる。

もうひとつ気をつけなければならないのは、仕事の目標とのズレだ。始めたときには目標に向かってのズレが少しでも、ずっと先までいくとそのズレは大きくなってしまう。リズムよく速いスピードで進んでいくほど、あっという間に、そのズレは拡大する。

10 人脈は自分自身でつくっていく

私は今、独立した経営コンサルタントとして活動している。会社勤めをしていた時代に比べると、大きな違いは時間のやりくりだ。

独立してからは、いわゆる異業種交流の会に参加することが増えた。そこで感じることのひとつは、独立したばかりの方から聞く「私には人脈がないから仕事がうまくいかない」という言葉だ。

私は、人脈とは自らつくるものである、と考える。待っていては、向こうからやってこない。むしろ積極的に自分から開拓していくものだ。かといって、自分を押しつけるのはいけない。相手からぜひ今後とも、お付き合いを続けて欲しいとおもってもらうことだ。

私がそれ以上に気をつけていることがある。それは商売をするために人脈をつくっているのではないということだ。独立して仕事をしているとどうしても目先のことに気を取られがちだが、それではいけない。自分のビジネスにすぐ結びつけようとして人脈をひろげていくことはやめたほうがよい。

お互いに切磋琢磨する場に参加して、その結果知り合ったというのが良い。そうなるためには、まず自分の価値を高める必要がある。その価値が相手の求めているものになっていると人脈は広がる。

さらに相手に自分の価値が上手に伝わることが大事だ。せっかく良いものを持っていても、それが相手に伝わらなければ、持っていないのと同じだ。

初対面の方に会った瞬間に、是非ともまた会って話をしたいと思ってもらえる「何か」を持ちつづけていきたい。

コラム7　ダーウィン流進化ではなく適応を

小泉首相が、第一五三回国会の所信表明演説のむすびのなかで、「ダーウィンの進化論」を引用した。その後いろいろなところから、その内容についての批判が聞こえてきた。気になったので、その全文を読んだ。確かに、進化論を正しく理解していない。

所信表明演説を引用すると、「進化論を唱えたダーウィンは、『この世に生き残る生き物は、最も力の強いものか。そうではない。最も頭のいいものか。そうでもない。それは変化に対応できる生き物だ』という考えを示したと言われています」とある。（日本経済新聞夕刊、二〇〇一年九月二七日）

進化論では、次のように考える。「一般に生物は非常に多くの数の卵や種子を生産するが、それから生まれた個体の間には必ず個体差があるので、そこに生存のための戦いが生じ、一般には適者が生き残ることになる」（『新世紀百科辞典「第二版」』、学習研究社）

つまり、環境に適応して個体が変化していくとは、進化論ではいってない。自然選択説という言葉のほうが本質をきちんと示している。

山梨大学の池田清彦教授によれば、

『進化』は『進歩』ではない。自然選択説では、進化は必ずしも下等から高等にむかうとは限らない」（日本経済新聞朝刊、二〇〇四年三月二一日）となる。これでは小泉首相の言いたかったこととはかなり違う。

これを理解したうえで、適応していくことの大切さを強調したい。現在生きている環境から逃れることはできない。与えられた環境にすばやく的確に適応しなくてはいけない。

よく聞く言葉に「まわりと過去は変えられない」というのがある。まず自分が生きている環境を正しく理解して、その世界をいかに効率よく、また快適にいきていくかを、常に意識する必要がある。

企業を見ると、適応を上手に進めてきた会社をたくさんみつけることができる。たとえばブラザー工業は家庭用ミシンのメーカーだった。明治四一年にミシン販売から会社が始まっている。今は売り上げのほとんどをインフォメーション・アンド・ドキュメント部門が占めている。製品はデジタル複合機やプリンタ、それに通信カラオケなどであり、売り上げの半分以上がこの部門からだ。ミシン部門の売り上げは全社のわずか一〇パーセントほどだ。

おわりに

外資系企業にはまだまだ夢がある。私は日本企業では味わえないほどの懐の広さを体感してきた。外資では努力すれば報われることが多い。だから自己実現の場として最適である、と私は考える。

外資系企業で仕事を始めると、仕事の進め方に大きな違いがあり、戸惑うかもしれない。商慣習や法律の違いからくる相違点は劇的にうつるはずだ。そこでは、目標をきちんと立て、仕事の進め方を工夫していく必要がある。特に、時間管理と情報の扱い方であなたの人生は大きく変わるだろう。たとえあなたの上司が外国人であったとしても、人間としての付き合いを続けていけば、最後にはお互いに分かり合える部分は多い。

ヘッドハンティングからあなたに「外資の社長」の話がきたら、そのときは迷わず引き受けたほうがよい。たしかに社長の責任は重いが、権限がある。自己実現の場としてこれ以上のものがそうあるわけではない。

終身雇用や年功序列という、戦後日本の成長を支えてきた考え方はもう通用しない。それどころか日本企業そのものの存続が危ぶまれている。私たちは最近の一〇年間で、今まで何十年にもわたって正しいと信じてきたことが足元から崩れ去っていくのを体験してきた。

これからはさらに予想もつかないような展開になるだろう。そういう激動の時代を、今までとはまったく異なる世界に飛び込んで、楽しみながら生き抜くのは賢い選択の一つだ、ということができる。

この本を最後まで読み終えたあなたには、外資で働く厳しさと同時に楽しさを感じていただけたと思う。

これからの世の中を生き延びていく「コツ」として、私は「三分」「三日」「三カ月」をおすすめした。特に「三カ月」を一つの区切りとして、効率よく、有意義に過ごす。この繰り返しが、あなたの新しい人生を作り上げていく、と私は信じている。

著者プロフィール
田中 満佐人（たなか みさと）
1948年北海道生まれ。横浜国立大学工学部（1971年）、Purdue大学Krannert校経営大学院（1992年）卒業。

大学卒業後、石川島播磨重工業(株)技術研究所に勤務。1979年日本TI(株)に入社、爾来外資系企業に勤務。2000年日本ベルハウエル(株)代表取締役社長に就任。

現在、オフィス田中、代表（経営コンサルタント）。

連絡先：officetanaka@fiberbit.net
http://www.fiberbit.net/user/officetanaka/

外資の社長になるための12章

2005年 3月15日　初版第1刷発行

著　者　田中 満佐人
発行者　瓜谷 綱延
発行所　株式会社文芸社
〒160-0022 東京都新宿区新宿1－10－1
電話 03-5369-3060（編集）
03-5369-2299（販売）

印刷所　神谷印刷株式会社

ISBN4-8355-8643-3